老樹創意

老樹創意

談情說愛一定要懂的真相

告訴你非愛不可的47件事

（原書名：愛情不是說說那麼簡單）

張麗君◎著

前言

不要爲了寂寞去戀愛。時間是個魔鬼，天長日久，如果你是個多情的人，即使不愛對方，到時候也會產生感情，你怎麼辦？

不要爲了負責而去結婚。要知道，不愛對方卻和對方結婚是最不負責的。即使當時讓對方很傷心，但是總比讓對方幾年甚至一輩子傷心強。

不管多大多老，不管家人朋友怎麼催，都不要隨便對待婚姻。婚姻不是打牌，重新洗牌要付出巨大代價。

要看一個人有沒有內涵，內看談吐，外看衣著。還可以看寫字。談吐看出一個人的學識和修養，衣著看出一個人的品味，寫字看出一個人的性格。

有的人老是抱怨愛不對人，一兩次不要緊，多了就有問題。首先，你要檢討自己本身有沒有問題，尤其要審視一下自己的眼光，爲什麼每次壞人總被你碰到？

如果眞愛一個人，就會心甘情願爲他而改變。如果一個人在你面前我行我素，置你不喜歡的行爲而不顧，那麼他就是不愛你。所以如果你不夠關心他或是他不夠關心你，那麼你就不愛他或他不愛你，而不要以爲是自己本來就很粗心或相信他是一個粗心的人。遇見自己眞愛的人，懦夫也會變勇敢，同理，粗心鬼也會變得細心。

……

愛情的眞相是無法窮盡的，你或許也有自己關於愛情的眞相。事實上，有多少個人，就有多少種關於愛情眞相的體會。本書所揭露的，是大多數戀愛中男女所要面臨的問題。雖然掌握了這些愛情的眞相並不保證你必定擁有轟轟烈烈的愛情，但至少會使你的愛情之路順暢。

願天下有情人終成眷屬，衷心希望大家都能掌握愛情的眞相，並能利用它們找到屬於自己的眞命天子和天女！

目錄

I LOVE YOU

目錄

第一篇

唯愛

初戀，一生只有一次

初戀，刻骨銘心的記憶。來時，甜蜜溫馨；去時，肝腸寸斷！

初戀是美好的，溫馨甜蜜，讓人難忘懷。不是因爲對方很漂亮或很帥，也不是因爲得不到的就是好，而是因爲人初涉愛河時心裡異常純眞，無私心雜念，只知道傾己所有去愛對方。而以後的愛情就沒有這麼純潔無瑕了。純眞是人世間最爲可貴的。

初戀也是痛苦的，被戀人拋棄時，肝腸寸斷！

莉和陽是在學校的迎新晚會上認識的。莉剛剛入學，陽還差一年畢業。陽是晚會的主持人，一米八的個頭，俊俏的臉，幽默流暢的口條，站在舞臺中央光芒四射。晚會的最後，場地清空了，當強有力的音樂響起時，大家雖躍躍欲試卻無一敢動。莉看不慣那種做作和拘束，站起來脫掉罩在T恤外的白襯衣，第一個舞進場中，人群中有口哨聲響起，開始是陽，緊接著是一些膽大的男生，最後大家一起在君的帶領下湧入舞池，踩著激烈的拍子，開始瘋狂尖叫、舞蹈，晚會的氣氛達到了高潮。

第二天一早，同校不同系的老哥就把呼呼大睡的莉從床上拖起來去參觀學校，他不厭其煩地指點給莉看：這是一食堂，菜的口味有些偏辣；這是二食堂，口味清淡些；這是公共浴室，女生浴室在右手邊；這是開水房……莉還昏昏欲睡，猛聽到這樣一句話：「這是我的好兄弟陽，有什麼事就找他。」她整個清醒過來時，陽已經站在她面前。陽後來告訴莉，他在那一瞬間便喜歡上了這個一臉懵懂望著他傻笑的女孩。

幸福來得太快，有時候像災難。

莉和陽度過了一年快樂的時光。一年之後，陽走了，走得很遠——去了紐西蘭。臨走那天，任朋友們千呼萬喚，莉躲在寢室不肯出去送他，並偷偷用酒送服了兩粒安眠藥。醫生告訴莉兩粒藥可持續深睡幾個小時，莉寧願自己在最殘酷的時刻是睡著的。她恨他的離去，她不會給他告別的機會。

後來同學告訴莉，陽不顧女生宿舍門口守衛的阻攔硬衝進寢室，看著莉沈沈睡去的模樣，一個大男人當場淚如雨下。

莉醒來之後才發現自己愚蠢，就這樣放走了他。整個校園空空蕩蕩，莉失魂落魄地四處亂轉，不相信陽是真的走了，他怎麼可以留下她獨自面對所有的回憶！在大雨中，奔跑在小路上的莉哭著叫著，像隻受了傷卻不知道該如何保護自己的動物。

哭過，鬧過，喝醉過，最終還是認了，手機裡那則簡訊支持著莉的等待——小莉，答應我，好好照顧自己，三年之後我會回來娶妳。

莉安安靜靜地讀書，畢業，考研究所落榜，上班。換過幾次工作，租的房子卻始終沒變。大學校園附近的房子清一色的條件不怎麼樣，租金卻貴得嚇人，這對上班不到兩年的莉來說是個不輕的負擔，但莉仍然堅持租了下來。她固執地以為只要身在校園裡，自己就仍是當初那個不諳世事、笑容單純的女孩子。

莉平靜地等待。累了，就看著那則簡訊發呆。

三年之約即將到期時，莉的信箱裡出現了一封信。莉看了一眼信封，From New Zealand。莉坐下來，像平時一樣倒一杯紅酒，加很多冰塊，然後開始讀信：小莉，我準備結婚了，這邊給我的待遇不錯。我不會回來了。好好照顧自己，一定要幸福。

放下信，走到鏡子前，莉看著自己的面孔。時光不再。

初戀很少能有情人終成眷屬，或是因爲年少無知沒有珍惜那份情，或是爲了所謂的前途，或是因爲種種現實的原因。這就是爲什麼大家總是把初戀比喻成青蘋果的原因。人們喜歡青蘋果的誘人，卻又害怕它的苦澀。

愛的提示：

雖然初戀總是令人難忘、令人神傷，但愛情真相的第一課告訴我們：為了好好地愛自己，請愛屬於你的現在和未來的那個他（她），過去就放手吧！

要拼才會贏得愛情

克服單戀

單戀是指一方一廂情願的傾慕和熱愛一方。單戀多是一場誤會，是「愛情錯覺」的產物。「愛情錯覺」是指受對方言談舉止的迷惑，或自身的各種主觀體驗的影響而主動涉入愛河，或因自以爲對方對自己有意而產生愛意綿綿的主觀感受。「愛情錯覺」導致一廂情願式的單戀，又稱「單相思」。

單相思有兩種情況：一種是毫無理由的單相思，對方毫無表示，甚至還不認識自己，而自己執著愛對方，追求對方，這種戀愛，是純粹的「單向」；另一種是自認爲有「理由」的單相思，錯認爲對方對自己有情，於是「落花無意」變成「落花有意」，這是「假雙向，眞單向」。

單戀現像比較常見，且較多出現在內向、敏感、富於幻想或自卑感的人身上。先是自己愛上了對方，於是也希望得到對方的愛，就會把對方的親切和藹、熱情大方當作是愛的表示，並堅信不已，從而陷入單戀的深淵不能自拔。

單戀者固然會體驗到一種深刻的快樂，但更多的是情感的痛苦，因爲他們無法向自己所鍾愛的異性傾訴柔情，更不能感受到對方愛意的溫馨。

克服單戀的痛苦重在防患於未然。首先是要能避免「愛情錯覺」，學會準確地觀察和分析對方，用心明辨。

一旦單戀已經發生在你身上，那就需要拿出十足的勇氣，克服羞怯心理和自我安慰的折磨，勇敢地用心靈去撞擊。如果對方有意，心靈閃現出共同撞擊的火花，則單戀轉化爲「雙戀」，愛的歡樂就取代了愛的痛苦。如果是「落花有意，流水無情」，則應該面對現實，勇敢地拋棄幻想，用理智主宰感情進行轉移，透過感情的轉換和昇華來獲取心理平衡。

尋找話題

如果你想與異性交往，那麼，和對方談話是最基本的步驟。如果你連這一點都不敢，看來愛情將與你無緣。發現一個自己喜歡的對象時，你必須設法和他搭話。

「我們以前好像見過？」「請問現在幾點了？」「請幫個忙好嗎？」諸如此類的話

雖然意義不大，不要忘了，它很可能就是你邁向成功的橋樑。透過這些話，你們可以進一步認識、瞭解、交往。所以你不必在乎這些話有沒有意義，只要是你大腦想到的，不妨都講出來。話題本身只是個引子，目的是透過搭話去認識他、接受他，然後進一步交往。如果你能盡力做到這一點，離成功就不遠了。

施展魅力

有時你不免疑惑，女性選擇男友的標準是什麼？男性選擇女友的標準又是什麼呢？這是很不容易回答的，喜歡對方的理由很多，並不是只有美貌的姑娘才會吸引男性，也並不是只有帥氣的男性才吸引女孩。每一個女性都有她獨特的風姿，每一個男性都有他自己的魅力，這不一定來自美麗的外表。或許你還沒有發現自己迷人的地方，但是對方可能已經覺察到了，並深深愛上了你。因此，你沒有絲毫理由自慚形穢，你應堅定信心，根據自身的特點和長處，大膽施展你的魅力。

不要因爲自己長相不如對方而放棄追求的打算，長相只是一時的印象，眞正決定能否結合主要取決於雙方的性格。人世間帥哥配醜女，醜女配帥哥的太多了。

正常人是不會介意別人愛慕自己的。相反的，如果在大街上，突然有陌生的異性向你表示愛慕，你心中會覺得飄飄然，甚至能給你帶來自信心。

巧妙暗示

也許你不太願意主動和一位陌生的異性交談，這時你可以採用另外一種形式。就是由你發出訊息，做出暗示，讓對方得到你的暗示後採取行動。舉例來說，你可以頻頻向對方露出微笑，一開始他可能感到莫名其妙，但很快就會反應過來，主動與你交談，這樣你就成功了。

不怕拒絕

「人家不一定喜歡我。」「如果被拒絕了，那該怎麼辦？」「萬一對方很冷淡，我如何是好？」這些顧慮都是微不足道的事情。問題並不是會不會被拒絕，而是自身有這種不安的想法和心理，這才是問題所在。

例如，你很想和一個自己喜歡的女孩子約會，在電話前呆坐半天：「我要給她打個電話，然而……」心裡猶豫不決，拿起電話又放下，就這樣反反覆覆，終於下不了決心。其實只要你勇敢地撥一次電話，事情就可能完全解決了，你也能從此擺脫焦急如焚的心境。即使遭到拒絕，也沒有什麼大不了的，誰會沒有被拒絕的時候，而且被拒絕原因未必是你不好，而是對方已經心有所屬了。不必把自己看得太低，這只能說明你們沒有緣分，你的另一半這會兒說不定正在哪個角落裡努力的鍛煉自己，準備追你呢！

愛的提示：

愛情永遠需要勇氣，也許爭取的形式可以不同，但絕不能缺少打拼的精神。

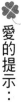

談，然後戀愛

談戀愛，談在前，戀愛在後。感情發展的全程概括為「談」、「戀」、「愛」，其中「談」是第一階段。俗話說，「良好的開端是成功的一半」，「談」得不順利，自然沒有第二、第三階段的進展。如何透過「談」把自己的情感妥貼地傳達出來，激起對方心靈的共鳴，可以說是一門藝術。所以「談」」的意義十分重大，但許多人忽視了這一點。如果兩人談得火熱，那才算是找到知音；光是花前月下的擁抱和接吻，是不會久遠的。

無論是邂逅相遇，還是第一次約會，怎樣自然地同意中人搭話才能給對方留下良好的第一印象呢？

首先可以從身邊的一些小事談起，話題不妨「虛」一點。例如，公共汽車總不來，可以說：「等這個車，慢死了！」如果下雨，可以說：「老是下雨！」進到屋子裡就說：「外面真熱！」或者「還是冷氣涼快。」談興大體是由這些話引起的。通常對方不會不耐煩的回你：「廢話，冷氣當然涼快！」「天當然要下雨！」

如果第一階段接觸成功，談話便可繼續下去了。接下去談最好不要涉及家庭背景、經濟狀況等實質內容或思想、價值觀念、私生活等深層問題，也沒有必要深談。表面的話題同樣可以交流感情。即使只談天氣，如果有興致，也可以持續一小時以上。這種互相不深入內心世界而任何人都可以參加的談話，叫做「中立會話」。這是第二階段。

中立的話題包括談天氣、談寒暖，例如，「最近持續高溫眞讓人難受」；談業餘愛好，尤其是能找到雙方都喜歡的興趣最好，例如琴棋書畫、花鳥蟲魚、集郵、運動、玩電腦等；談報刊雜誌上的重大新聞、世界大事、社會消息或流行趨勢等；談旅行中的經歷、優美風景、奇聞逸事或風土人情等；談熟人或雙方都知道的人，例如，「啊，他是我的大學同學……」；談家務事；談健康，像是疾病和治療經驗，例如，「長期待在冷氣房間裡要注意……」；談見聞，例如最近女孩子的流行；談工作，例如，「最近忙不忙」「最近老是加班」；談衣食住行，例如，「這種健康食品很受歡迎」，「交通越來越方便了」；談喜歡的小說、電影、電視等。

只要善於聯想，有意思的話題無窮無盡，閒聊當中，就有可能越談越投機，越談越相見恨晚，發現許多雙方共同的興趣、愛好或一致的看法，這樣，原本陌生、不熟悉的兩顆心，自然而然就慢慢靠近了。初次約會情緒有些緊張是難免的，但過分緊張會影響語言的表達。尤其是性格比較內向、羞澀的男女相會時，常常會出現這樣的局面：原來準備好的話題都緊張得忘了，憋了老半天，好不容易想出一個問題，對方也只簡單應答，就再沒有什麼可說的；交談變成了乾巴巴的一問一答，這種尷尬的氣氛又使情緒更加緊張，慌亂之中提出的問題就顯得更加可笑，甚至可能把意思都說反了。因此，要盡可能放鬆心情，就得適當作些準備。

第三階段是關心對方的事，家裡有哪些人？老家在哪裡？工作滿意嗎？喜歡些什麼……人都有自尊心，別人一關心自己，就感到高興，一談起自己的某些事情，便得意洋洋，口若懸河。因此，先問問對方的事比大談自己的事要好些，不過，對方忌諱的事，你不要窮追不捨，刨根問底。那種「審查」式、「盤問」式的談話是對別人的不尊重，會引起對方的反感和抗拒心理。如果被對方觸及忌諱的事，要能夠體諒，你可以籠統地回答，或把話題岔開，或露出不高興的神色，或作沒聽見，或用哈哈一笑、幾句玩笑搪塞。人與人之間的交流是互相的。在對方打開心扉以後，自己也必須相應地把心房敞開。

第四階段是自己向對方亮相。此時，千萬不要獨佔談話時間，滔滔不絕地自我炫耀、吹噓，讓對方連插話的機會都沒有，這也是一種不尊重對方的表現，讓人反感。要儘量開誠佈公，例如自己是獨生子女；有關節炎；將來想把父母接來贍養等等。把自己的情況如實透露給對方，招致不滿怎麼辦？這是不得已的，沒有勇氣冒這種險，關係就不得深入。那麼，什麼事情都坦白嗎？倒也不必，有時過於坦白，對方因爲沒有心理準備，反而手足無措，或感到壓力很大。要根據對方的性格和兩人關係的深淺（親密程度和信任程度），確定透露的分寸。必須考慮周到，何時、何地、怎樣講述、講到什麼程度才適當、怎樣才能讓對方儘量理解並接受自己，這是很重要的。有時，表達方式不當甚至可能影響你終身的幸福呢！

年齡、學歷、兄弟姐妹幾個、父母是否健在、做什麼工作、家庭條件如何等等，這些基本情況一開始就敷衍了事，將會帶來無窮後患。把這些基本情況隱瞞起來，是違反戀愛道德，也是極度害怕失戀的心理反映。一開始就有欺騙行爲，將來怎不令人擔憂。假如說了實話，對方拂袖而去，那表明對方心胸只能容納那麼一點東西，與其將來鬧得不可開交，更加痛苦，不如及早抽身，另尋能夠接受自己的人。你應該有把自己亮出去的自信和自尊——這就是我！

因此自我介紹的時侯，不僅說明自己過著怎樣的人生、親戚中有什麼樣的人、父母是怎樣的人，並且必須說明自己是如何對待生活中的磨難和不如意，不然兩人就不會有深交。談戀愛不是查履歷，而是互相表白。

一旦互相理解，親密起來，生理的要求也需要得到滿足，不知不覺便開始談及性的問題，這是第五階段。以性爲話題，是即將出現性關係的徵兆。在這個階段，自己必須確定可以接受何等程度的親密關係，並且事前暗示對方，例如牽手、擁抱、接吻是可以容忍的，但發生婚前性行爲則不可以。這樣，在行爲自然深入發展之後，就不會惱火，不至於感到罪孽。一旦知道對方的容忍程度，即使試圖越線被拒絕，也不像碰個大釘子那樣懊喪。另一個極端是，有的男子儘管在談戀愛，但同對方握一握手都不敢。他的本意可能是十分尊重女方，但女方會認爲他根本連一點愛的表示都沒有！會懷疑是不是我不夠漂亮，沒有魅力？或者覺得這種男人太懦弱。

有的人對發生性關係缺乏心理準備，事後才後悔不已，卻無可挽回了。那不是成年人的態度。還有人推卸責任，認爲自己是遭人誘惑。不能駕馭金錢、時間和性，就意味著此人在社會上不夠成熟，談戀愛不久必定會遭遇到性的問題，這是常識。不懂這個常識，發展到那階段之後，便不知如何是好，或責怪他人，或驚慌失措，或強烈拒絕，都是心理準備不充分。為了不致如此，第五階段必須事前築一道防線或者約法三章。

談戀愛的程式分為上述五個階段，就像口試一樣，有人在第一階段被淘汰，有人在第四階段被淘汰。誰都想被意中人喜歡、想方設法要進入第五階段，然後到達終點——結婚。因此應以自己的真實感受為話題，這樣才能給人以誠懇的感覺，真情流露最能打動人心！隨聲附和、奉承吹捧、諷刺教訓等不良談話習慣，都會給對方留下不好的印象。

愛的提示：

掌握談話的技巧，學習體會言談的藝術，是將愛情談到底的必修課程。

愛情的兩種浪漫

浪漫是什麼？是送花？雨中漫步？樓前佇立不去？如果兩人彼此傾心相愛，什麼事都不做，靜靜相對都會感覺浪漫。否則，即使兩人坐到月亮上約會，也是感覺不到浪漫的。

戀愛是人生中最美好的感受。愛情的最高境界是「志同道合，比翼雙飛」。這樣的愛情充滿了浪漫。儘管不同的人對浪漫有著不同的詮釋，但總體來說有兩種基調的浪漫，一種是時下年輕人最流行的物質型浪漫，另一種是精神型浪漫。

物質型浪漫

很多夢幻型女孩都聲明自己對精神的追求多於對物質。其實恰恰相反，浪漫是需要金錢來營造的；對方若沒有足夠的財力，我希望你還是再謹慎考慮一下。

軍是一個帥氣的男孩，但他認爲如果沒有錢，仍然不足以吸引自己傾慕的女生。他直言不諱地說：「談戀愛，追女孩，我就是拿錢砸。」軍認識了一個女孩子，兩人彼此很心儀，初戀就這樣開始了。但那個女孩子很現實，對感情看得較淡。因爲軍沒有經濟實力，並且「成熟度」不夠，兩人分手了。在經歷了刻骨銘心的失戀打擊後，軍覺得自己不再「單純」了。軍這麼認爲：「對一個陌生又可愛的女孩子來說，我人品再優秀，她也感覺不到，除非我和她接觸多了。怎麼接觸呢？出去玩啊、購物啊、浪漫啊，什麼不花錢呀。」

其實許多人和軍都有同樣的感受。他們認爲，現在年輕人談戀愛，就是去吃麥當勞、肯德基，去高檔電影院看電影，去酒吧、夜店瀟灑，這都要花錢。但年輕人收入有限，這使很多談戀愛的年輕人，尤其是男孩出現經濟危機。

年輕人物質化與功利化的戀愛方式令人憂慮。戀愛本應是純潔的，是人生中最值得回味的眞情。但很多年輕人錯誤地認爲愛情可以用金錢來買，認爲戀愛就是花錢。

若你眞的喜歡上了夢幻型的女孩，先提醒你——你要嘗盡酸甜苦辣了！由於她很喜歡風花雪月、鮮花巧克力，你多送禮物最能撥動她的心弦。要想把這種女孩追到手，千萬不要吝嗇你的錢。除了天上月亮，只要她想要，你都要毫不猶豫地盡力弄到。而平時的玫瑰、零食，更是細微處見愛情……總之，若想追這樣的女孩，平時一定要多多培養讀懂女孩心思的能力。對女孩身邊的室友、同學，別忘了多多賄賂。她們會告訴你好多有用的資訊。而你自己的外型則千萬要多多琢磨，不要整天土裡土氣的。找她玩呢，也要多到浪漫的地方去，比如春遊、舞會、看愛情浪漫電影……她慢慢的就會離不開你的關心照顧了。哈哈！這樣的女孩雖然很費你的money，但是也會給你帶來很多美麗的樂趣，只要你眞的喜歡，小倆口還是能過著幸福美滿生活的。

精神型浪漫

精神型浪漫的女孩或男孩對浪漫的定義是「追求眞愛」，他們不在意物質的缺乏。

「她是個特別的女孩子。」肖回憶自己的初戀時，充滿深情。肖高校畢業後來到台北，女友大學畢業後去了美國，兩個人從此天各一方。儘管他們已經分手，但肖認為那的確是一段非常美好的感情歷程。

「我們從來不亂花錢。她喜歡坐公共汽車，從頭坐到尾，讓我陪著她。她說這樣做儘管花錢很少，卻是一種幸福的感覺。」肖說，「我們戀愛後，她經常逼我晚自習，我的學習成績進步很多。」對於一些大學生把戀愛當遊戲，肖認為：「我寧願孤獨，也不願牽強地戀愛。愛情是神聖的，容不得玷污。」

其實不少年輕人有肖這樣的看法。他們認爲，儘管很多女孩男孩都很現實，但他們相信會找到自己追求的眞愛。

女孩住在一家醫院裡，她是一個重度病患，已經住院很長時間。她得的是喉癌，已經有過多次病危，緊急搶救過很多次，讓人吃驚的是她居然撐了很長一段時間。

女孩是家裡惟一的孩子，她一家在這裡也沒有什麼親戚，女孩的父母白天要上班，還要陪她做各種各樣的治療，身體的負荷已經夠重了，晚上再來看護肯定吃不消，但她的情況又容易在晚上發生危險，夜裡需要人照顧。每天來守夜的，是她的男朋友。

女孩的男朋友每到傍晚下班時間，就帶著一個飯盒急急忙忙跑來。偶爾女孩精神好的時候，小夥子還會攙女孩走出病房，在走廊邊的窗前坐一會兒。小夥子一手攙著女孩，一手提著一個凳子，讓女孩在窗前坐定了，他彎下身子，俯在女孩耳邊輕輕地說著什麼，有時候女孩就會笑起來。女孩是笑不出聲的，她的聲帶部分已經整個切除了，喉嚨那裡還有一個切口，安上了一個小管子。女孩笑的時候，削瘦的肩膀輕輕地抖動著，也許是笑意弄疼了自己，女孩就用手去撫喉上的傷口，小夥子會痛惜地用手臂攬住她，讓她平靜下來。女孩說什麼的時候，小夥子就把身子俯得更彎一些，將自己的耳朵湊在她的嘴邊，她發不出聲，但小夥子能聽懂她的話，然後又在她耳邊小聲而急切地說著什麼。

顯然愛情阻止不了病魔，女孩一天比一天更加衰弱了。護士們都說姑娘頑強，說她病到了這種地步，就是個壯漢也撐不住的，可她再痛苦的治療也都默默忍受了，盡最大可能地配合。說到她，護士的眼圈悄悄紅了。

這一天是星期天，小夥子不用去上班，這種時候女孩的父母白天可以在家裡休息一天。他們年紀大了，總這樣在醫院裡身體吃不消的。小夥子坐在她床邊的凳子上，伏在床邊睡著了，也許他太累了。而女孩用一隻手臂撐著身體坐著，另一隻手撫著喉嚨上的傷口，看著那個熟睡的小夥子。從男孩女孩身上，人們看到了愛，也認識了命運的嚴酷和人的堅忍，看到了嚴酷的命運之下真正浪漫的情感。

看多了人世間太多的悲歡離合，但想到這對女孩男孩，會有一種深深的感動，一種總是讓人流淚的感動，生死之間，我們人類的力量是多麼的薄弱，但我們的情感又是多麼的浪漫啊。

我想，這樣的浪漫才是最純眞的浪漫。

愛的提示：

浪漫是和愛情永遠不分家的，無論是物質上的浪漫，還是精神上的浪漫，總之，為了愛情，努力去營造浪漫吧！

不要為了寂寞去戀愛

面對這個五彩繽紛的世界，年輕的女孩們更感到內心的孤單，她們想要漂亮的衣服、精緻的食物、體面十足的男友。然而現實卻是殘酷的，大部分年輕女孩都過著平淡的生活，這樣的現實更加添了這些女孩的孤獨，她們就寄託於戀愛來驅除內心的寂寞。

燕子十七歲的時候跟著同鄉離開老家來到台北工作。走的那天，心裡沒有悲傷，而是充滿了快活。她想這一去很快就有錢了，可以買各種時尚好看的衣服，吃一些從來沒吃過的東西，那個多采多姿的世界一定和家鄉不同。燕子那時候是多麼無憂無慮的一個人。到了台北後才知道事情根本不是自己想的那樣，她沒有文憑，沒有戶口，那些看上去體面的工作根本輪不到她。在老鄉的介紹下，燕子到一家小餐館當服務生，累不說，每個月才只有一萬多塊，還要忍受老闆嚴厲的責罵。人生地不熟，也只有先做了再說。後來轉到一家髮廊當學徒，雖然每天要洗頭到夜裡十一點，下了班累得躺在床上連飯都不想吃，但比起在餐館，待遇總是提高了一些，而且也認識了幾個朋友。她也學會了喝啤酒，到卡拉ＯＫ唱歌，去街邊的小店買仿冒名牌。

三年後，燕子看上去和台北人沒有什麼不同。在朋友的介紹下，燕子到一家小企業去做銷售，認識了同樣也做銷售的啓軍。女孩做銷售蠻辛苦的，經常在外奔波、陪人吃飯喝酒。燕子和啓軍經常一起陪客户吃飯，啓軍會照顧這個小姑娘，為她擋酒。就這樣，燕子有意無意對啓軍多了幾分關注。啓軍高高的個頭，虎背熊腰，讓燕子覺得很有安全感。後來，他請她去他家玩，她以為很多人，去了才知道他就只請了她一個。

啓軍的家很大，三房兩廳，燕子太單純，也沒去想想他一個外地人怎麼會在台北有這麼大的房子。那天晚上在啓軍家裡玩得很開心。吃完飯後，燕子沒有馬上離開，他們一起收拾碗筷，收拾的時候燕子的手被劃破了。啓軍很關切地為她包紮。兩人緊挨著，這樣的距離讓她和他之間有了一種心照不宣的默契，或者說是一種曖昧。那天晚上她和他之間什麼事也沒有發生，後來他送燕子回家。從那個晚上以後，啓軍變得很主動，經常發一些曖昧的簡訊給燕子。燕子已經不想再回老家灰頭土臉地過一輩子，她覺得這裡一定會屬於她的，她想和許多姐妹一樣找個台北人嫁了。可好運沒有垂青於她，始終沒有一個有錢又帥氣的男孩來追她，外面的繁華不屬於她，她也不想再這樣慢慢地煎熬下去了。她想，啓軍還不錯。九月份的一天，他又喊她去玩。唱完歌後，她跟他回了家。那個晚上，他們的關係徹底變化了。

燕子把一切都付出的時候，她很開心，一個人在外面討生活，終於找到一個可以給自己安全感的男人，她想她總算有個依靠了。

可是好景不長，一天啓軍喝醉了，哭著說他已經有老婆，但他老婆脾氣不好，不像燕子細心溫柔體貼；欺騙燕子也是迫不得已，其實他一直想說出實情，但又怕燕子受到傷害。哭著要燕子別離開他。燕子想，一個男人是不會輕易掉眼淚的，他哭，說明他是真的愛自己。燕子心一軟，又和他在一起。啓軍讓燕子把工作辭了，每個月給她生活費。她現在每天提心吊膽，正常的生活也要偷偷摸摸地過。

燕子知道做第三者不好，受人鄙視。有時候也有和啓軍分手的想法，但還是下不了決心，畢竟她在花花世界無依無靠，很是寂寞。自從和啓軍在一起後，燕子能穿時尚的衣服，吃高檔的餐廳，而且每個月寄回家的錢比以前多了，家裡人還高興地打電話來，說燕子有出息了……

像燕子一樣的女孩子很多，她們追隨的男人看起來似乎對她們很好，給她們充裕的物質，以及有一個男人在身邊的安全感。但是這種男人給女孩子的「口糧」和「安全感」都是順便的。而這樣的女孩因爲依附他，所以視對方爲自己的整個世界。她們賣力地用青春去撫慰男人疲憊的身體和靈魂。

這樣的女孩看似過得輕鬆、活得滋潤，但她最大的悲哀在於沒有人生的主動權。只要男人哪天不高興，就會找各種藉口和她分開。無論是情感還是物質，女孩都不要依賴男人，因爲結局不容樂觀。這樣的男人只是想調劑平淡無奇的生活，最重要的是，他不可能保護妳一輩子。聰明的女人應該斷然放棄這樣的保護，過自己安定的生活。一時找不到合適自己的人，不妨試試單身吧，千萬不要因爲寂寞而盲目的談戀愛。其實，單身也不錯。

小紅過了今年就三十歲了，小紅的父母身邊就她一個女兒，她有一個月薪三萬元的工作，工作環境也不錯，算得上是白領一族。可小紅總想做點什麼，就先動用了父母原本為她做嫁妝的那筆錢，與人合夥開了一間名牌服飾店，店面的位置很好，座落在城市的繁華地帶，生意很旺。

也許因為小紅是父母身邊惟一一個孩子，她的一舉一動都成了父母親的焦點，尤其是婚姻大事，幾乎成了每天必談的話題，軟硬兼施苦苦相逼，小紅的耳朵都快磨出繭了，她煩的時候就衝著老爸老媽大叫：「明天我就去街上逮一個把自己嫁了。」小紅最終還是決定讓耳清靜一下，藉故打理生意，在離店不遠的地方租了一間單身公寓，冷氣、冰箱、洗衣機、電腦、沙發、白底碎花的窗簾……小紅的人生依然留在單身階段。

小紅有很多姐妹淘，小紅與她們一起牽手走過了人生的花季，可是她們都一個個相繼掉進了婚姻的圍城裡，只有小紅還待在圍城之外。小紅知道她們之中的一部分不甚如意，還羨慕起小紅來，小紅清楚自己並非「不婚主義者」，她只是沒有碰到合適自己的男人，不想因為寂寞而戀愛，想好好珍惜現在這種可貴的單身狀態，享受自己的單身自在。小紅常把自己比喻成一隻小鳥，一隻自由自在飛來飛去的小鳥。

愛的提示：

人們常說在愛情中不能迷失自己，而當愛情還沒來到，必須面對寂寞的時候，

更要學會不為了「愛情」二字而迷失。

怎樣找到另一半——麥穗法則

天下有太多的才子佳人，而芸芸眾生中你會選擇誰？誰會和你天長地久？關鍵的是你要找到人生旅途中最適合你自己的那一個。也就是冥冥中注定的那一個。茫茫人海裡的麥穗很多，你不一定要找到最大、最漂亮的那個，只要足夠大就可以了。

古希臘哲學大師蘇格拉底帶領三個弟子經過一片麥田，要他們選出一顆最大的麥穗，只許前進，且只有一次選擇機會。第一個弟子走進麥田，很快就發現了一顆很大的麥穗，他擔心錯過這個麥穗就摘不到更大的，於是迫不及待地摘下了。但繼續前進時，發現前面有許多麥穗比他摘的那顆大，但已經沒有了機會，只能無可奈何地走過麥田。第二個弟子看到不少很大的麥穗，但下不了摘取的決心，總以為前面還有更大的，可當他快到終點時，才發現機會全錯過了，只能在麥田的盡頭摘了一顆看來比較大的麥穗。第三個弟子先用目光把麥田分為三塊，走過前面這一塊時，既沒有摘取，也沒有匆匆走過，而是仔細地觀察麥穗的長勢、大小、分佈規律，在經過中間那塊麥田時，選擇了其中一個最大的麥穗，然後就心滿意足地快步走出麥田。為了摘取最大的麥穗，三個弟子採用了不同的選擇策略。「明者遠見於未萌，而智者避危於未形」，無疑，第三個弟子是明智的，他既不會因為錯過了前面那最大的麥穗而悔恨，也不會因為不能摘取後面更大的麥穗而遺憾。他的策略是選擇的技巧，也是放棄的智慧。

我們每個人面前是不是也有這樣一塊麥田呢？生活的幸福、感情的甜蜜，不正是我們所期冀的最大麥穗？可是最大的麥穗在哪裡呢？在前面，後面或是在中間？也許我們錯過的正是最大的麥穗，也許眼前的正是最大的麥穗，也許最大的麥穗在後面等著我們；也許我們永遠摘不到最大的麥穗，也許摘到了卻渾然不覺，也許自以爲摘到手中的就是最大的麥穗。

由於不同的人對於最大的麥穗持有不同的標準，所以就會採用不同的選擇方式。有的人擁有了不知珍惜，總以爲最大的麥穗在未來等候。有的人患得患失，害怕失去再難覓尋，好像抓住了救命的麥穗而不肯放手。而在有的人看來，他手中的麥穗正是他心中最大的麥穗，雖然實際上那未必是麥田裡最大的那顆。

追求愛情時，我們眼前都晃動著許多麥穗，這時需要擁有一雙慧眼，從如許多的麥穗中擇其大者而取之。選擇造就人生之路，生存的第一法則就是要學會選擇，善於放棄，這樣才能摘取最大的麥穗，佛家有言：「捨得，捨得，有捨才有得。」然而人在面臨選擇的時候往往是脆弱的，十八世紀的詩人荷爾德林曾說過：「人的貧乏在於痛苦、死亡和愛情的本性不能顯現，貧乏是人自身的貧乏。」人在選擇時往往盲目倉促、舉棋不定、患得患失，因爲選擇意味著放棄，而放棄是一種痛苦的選擇，有時是需要很大的勇氣的，關鍵是當處於人生岔路口時，能否舉重若輕，拿得起，放得下。

惠二十九歲那年，逼著自己去相了一次親，他叫鵬，樣子長得不錯，家境好，有自己的車。惠本來只是打算應付一下父母，沒想到鵬有那麼好的條件，惠想想自己快要三十了，於是動了心跟他試試。

起初惠和鵬約會感覺不錯，可是兩人相處久了，就覺得有點不自在。過馬路時，惠拉起鵬的手說：「快跑！快亮紅燈了！」跑過馬路後，鵬很納悶地說：

「奇怪，為什麼是妳拉著我跑，不是男生拉著女生的手跑才對嗎？」有時候，惠和鵬去看電影，看到很爆笑的畫面時，惠會縱情地哈哈大笑。鵬卻對她說：「妳小聲一點好不好？這樣笑很不淑女，很沒氣質！」去飯店吃飯時，服務生一拿來菜單，惠就習慣性地點菜。鵬問：「妳以前來這家店吃過嗎？」「沒有啊！」「那妳怎麼知道妳點的這些菜好吃呢？」「不知道啊，我只是喜歡吃這些菜！」鵬愣了一下說：「是不是應該等我來點才對呢？」他怎麼會認為點菜是男人的事！所以，後來惠再跟他去吃飯時，明明想吃什麼菜，卻要假裝斯文地說：「你決定就好，你點的我都喜歡！」惠吃飯的速度比較快，鵬常常說：「哇，妳這樣狼吞虎嚥的，一點都不像女孩子。」惠做什麼事，他總有意見。惠坐他車，關門大聲些，他也會說：「妳是不是想拆我的車門啊？」雖然他是在開玩笑，但惠想她自己也不是故意的。所以上了車子後，惠就不敢大聲講話。

後來，惠覺得要長久改變自己的個性和習慣，去討好、適應一個男人會很痛苦。她不想在高興時，還要強忍住笑；也不想在講話時，還要特地壓低聲音，故意裝成很淑女的樣子；更不想為了取悅對方而失去自我。所以，惠找了個機會，委婉地告訴鵬：「我不是你喜歡的那一種女孩，我們分手吧！」他不解地問：

「難道我不夠好嗎？」「你是很好的男士，你的家世、形像都很好，而且我也覺得，如果放棄你很可惜！可是，如果我不放棄你的話，我為了處處討好你而還就你，失去自我，那我以後的日子會很可悲。」

時光不會倒流，人生是單行道。每個人的一生都是一趟不能走回頭路的撿麥穗之行，最大顆的麥穗不是一種虛無的概念，而是的的確確存在於麥田的某一個位置，過早的為某顆較大的麥穗所惑，或是總期冀後面有更大的麥穗，都將鑄成一生的憾事。摘取最大的麥穗需要一種智慧，這智慧源於對自己的自知之明，和對麥田的了然於心。明於選擇，智於放棄，這樣才能摘取最大顆的麥穗。是的，最好的，不見得就適合自己。適合自己的，才是最好的！

愛的提示：

學會在合適的時候做出合適的選擇，愛情的世界裡能捨方能得。

愛一個人就不要錯過

愛一個人就要說出來，告訴對方你愛他，讓他知道你是多麼喜歡他。這樣你才有機會知道他是否也喜歡你。否則這樣悄悄地退出，不甘的心日後會自我折磨的。

飛兒認識黃七年了，不曉得現在該稱他是朋友還是戀人。之前他們是校友，而後是朋友，再後來黃離開家鄉出外求學。他們一直有聯繫但不太頻繁，黃回來就會找飛兒，她若是上班也會請假陪他。她對他不是沒有好感，只是好像並不太來電。

但自從黃上次回來後就有些不同了，也許是孤男寡女，或情不自禁，也許飛兒自己也不曉得是怎麼了。黃問飛兒若不願意他會罷手，而飛兒也不曾搖頭，他們的感情有了改變！黃開學回校後面臨的是未來何去何從，他不會回來，飛兒也不曾奢望他會為她回來，畢竟他未曾對她許過任何諾言。

慢慢地飛兒發覺自己其實早已那麼在意他、關心他、愛他，只是她自己傻傻的不曉得。那段時間，黃生活在SARS最嚴重地區。飛兒要他回來，可他說不願意把危險帶給愛他的親人和朋友，相信他，他會過得很好！飛兒相信他做得到，知道他是個非常出色的男人，可是飛兒不清楚他們這算什麼？這麼關係混亂地生活在彼此各自的圈子？對著電話，飛兒不敢說「我愛你」，每到深夜想他的時候，也不敢打電話給他，因為他睡了……

人總是那麼矛盾，因為想要得到而不斷索取，因為怕失去而不斷付出。這些日子飛兒覺得自己做得太多太多，雖然千般不捨萬般不願，可她還是累了，不想再這麼委屈。她想放手，讓這個人徹底從她生命中消失。

很明顯，黃不是飛兒的男朋友。如果是她的男朋友，那麼飛兒愛什麼時候打電話給他都可以，任何時間任何地點。飛兒和黃之間有些不對勁，飛兒不知道黃過去現在有沒有女朋友，也不知道他放假和回家時來找飛兒的原因。而飛兒只是一個人在戀愛，然後又打算一個人退出。

飛兒要搞清楚他們這樣的關係算什麼？要知道他覺得這樣的關係又算什麼？飛兒要清楚是她自己想當然地認為他應該知道？抑或是飛兒自己想當然地這麼認為？飛兒為黃的事情委屈成這樣，他知道嗎？再輾轉、曲折的感情和付出，驚不了他、泣不了他，他從頭到尾都不知道，只是飛兒自己一個人在折騰，那有什麼用？如果一個人真的是不喜歡你，還一直追問為什麼，會是件傻事。可是，如果黃也和她的想法一樣，那就不同了。

有一對關係曖昧的男女，有一天終於鼓起勇氣，約在一個公園見面。那兩個人各自在公園門口等了許久，始終都沒有等到對方的到來，失望和寒心各自蔓延開來，那種被戲弄的感覺如鯁在喉，彼此都不肯先說。若干年後，兩人匆匆相遇，想起當年不禁唏嘘。舊地重遊，人潮中，兩人被沖散。手機裡說在老地方相見，結果那兩人等了許久，又電話聯絡，才明白公園有兩個大門，當年不是沒來，而是站在各自以為的大門，兩人就這麼錯過了。

既然飛兒已經灰心喪氣打算退出，不如找他把事情弄清楚。皆大歡喜的結局最好，不去試試，那就連一點機會都沒有。如果得到的答案不如人意，那也只不過是證實了飛兒已早有心理準備的問題，這樣退出，飛兒日後不會有遺憾，往後人生方能義無反顧。

愛的提示：

勇敢地把情感表達出來，只有這樣人生才沒有遺憾。

愛，拒絕無辜和欺騙

如今很多人看起來很像戀愛高手，其實是他不愛對方了，不想要對方了，但他不會讓你找到他負人的把柄。他就是不說，不告訴你他喜歡不喜歡你，不告訴你他會不會和你有個結果，甚至在他與你分手的時候也不會告訴你是爲了什麼分的。等你感覺這份愛是「雞肋」的時候，不得不黯然離開，他還會向其他「蜂蝶」搖旗吶喊：我是癡情的，我是多麼值得人愛！引得無數女人前仆後繼。

大二時，同班女同學和小一屆的學弟談戀愛。此小夥子可是眉清目秀，算是數一數二的漂亮人兒，不能說寶玉再世，也差不了太多。不知兩人如何一起的，等別人知道時，兩人已牽手嘻笑甚是甜蜜。小夥子長得漂亮，自然被大家喜愛，再加上出手闊綽，人緣好極了。這女同學自是動了真情。可是好景不長，一次小夥子周末回家後就再也不見，女同學納悶，不知出了什麼大事？幾日後在餐廳碰個正著，堵住就問：「你怎麼了？」小夥子唯唯諾諾，支吾了半天沒說出個所以然來。女同學氣得腮幫子鼓鼓的。這樣也不是辦法，既然喜歡就要問個水落石出，於是再問，結果小夥子的回答很乾脆：「沒有啊！我也不知道。」一句話就把那女同學噎住了。女孩百思不得其解，只好做罷。這段在別人看來應該轟轟烈烈的感情就這樣無疾而終了。

畢業工作後，有一同事小家碧玉，美麗異常，喜歡了一個小男生，這小男生也不錯。在別人看來，這郎才女貌該會演繹一場風花雪月的愛情故事吧！其結果也應該是才子佳人終成眷屬吧！可是小男生漸漸不來接姑娘下班了，姑娘臉上的笑容也少了。幾經周折才打聽到，原來姑娘也不知對方為什麼就不理自己了，沒有原因，沒有結果，就這樣不了了之。兩個月後那小男生結婚了。

從男人分手的態度來看，男人似乎對分手不知如何是好，只是迷迷糊糊的結束了一場愛情。可是在這段感情還沒有結束的時候，他可能已經有了另一段感情的開始。

他似乎眞的不知道爲什麼和妳分手，爲什麼不可以和妳有個結果，可就是不再理妳了，用各種藉口打發。在這個要分而僵持的階段，妳能堅持就等下去，堅持不住，那就走人吧！

愛的提示：

碰上真正屬於你的真命天子（天女）不容易，不必為那些並非鍾情於你的人癡心等待。

第二篇

愛與婚

在家裡跳和諧的雙人舞

現代家庭的壓力無處不在：工作、社會地位、金錢、婚姻、子女教育……在這樣的高壓之下，我們最需要的是一個安寧、和樂的家，爲我們釋放壓力，滋養心田。然而現實並不盡如人意，許多家庭不能爲我們提供渴望得到的平和、溫馨，反而加劇了煩惱和壓力。而這裡面的諸多問題，最主要來自夫妻之間的相處。

家庭的問題是不能靠外力來解決的，我們常常陷在自己的困惑中，找不到問題的眞正原因。事實上，生活中的許多挫折往往起因於看問題的角度和心態，如果能開闊、豁達一些，問題就不存在了。家庭關係就如跳一支雙人舞，跳得和諧了，自己舒服，別人看著也美。

芳和老公這段時間一直在吵，兩人關係越弄越僵，做什麼都互看不順眼，一句話就能嗆起來。周末孩子回來還好一些，孩子一走，兩人在家裡簡直過不下去，碰面就吵，終於離婚。

芳的朋友琳一家從外地來，芳陪他們玩了兩天，臨走，琳非要請芳吃頓飯算是道謝。琳的老公自己帶了一瓶洋酒去飯店，飯店本來是不許自帶酒水的，但他纏了二十多分鐘之後，對方居然讓步了。因為交涉了很久，芳一直冷眼旁觀。一開始她都替琳臉紅，找了這麼鳥肚雞腸的男人。但琳卻不以為意，還過去幫老公說話，最後達到了目的。後來芳忽然一下子想到了什麼，那頓飯吃得心不在焉的。芳一直在留心觀察琳和她的老公，他們都有這樣那樣的毛病，有這樣那樣不得體的行為，但他們都彼此接受了，心平氣和地過日子，心平氣和地待己待人。

從琳身上，芳想到了自己。芳和老公離婚並不是因為「第三者介入」那種「重大傷害」，而是因為日常生活中磨擦太多，彼此不能相容。但是事實上，不論是看上去多麼恩愛的夫妻，日常相處中都會有許多缺憾。如果說婚姻是一所學校，在這個學校裡最重要的課程，就是學習寬容，彼此接納。想想自己為什麼離婚，芳開始明白，對另一半寬容的愛，就是對自己最好的愛護；對另一半寬容些，不要總是那麼斤斤計較，夫妻之間就會和諧了。

愛的提示：

愛情也離不開寬容，學會寬容才能真正地學會生活、學會愛。

用愛拒絕誘惑

在現代人的情感世界裡，經常出現婚外情的誘惑，經歷背叛傷害的人會痛不欲生。這不全是善惡道德的問題，但刻骨銘心的打擊是實實在在的。撕心裂肺的哭嚎，自信心幾乎摧毀殆盡，心被敲碎後的絕望，從此很難積極樂觀的看待愛情和婚姻。這樣的事千古不變的一再發生，而我們對此是沒有免疫力的。問題在於愛和婚姻之間生來就有矛盾和落差。愛是人的本能，人無法拋棄愛，也必須學會面對愛的傷害，尋求幫助，這是無奈卻勇敢的選擇。

生活在現代社會，人的流動性是非常大的。只要你願意，你就可以流動。例如，工作讓你覺得不愉快，你大可以辭職回家。人可以非常自由的流動，這個流動就產生了家庭的不穩定，人和人之間來往的不穩定，導致人際關係越來越趨於所謂的「瞬間化」——這段時間跟這個人來往，之後又跟那個人來往一段時間，很快你發現你的社會生活又變了，改爲跟另外一個人來往一段時間。在這種快速變化裡，人有很多機會，家庭變得越來越自由，但是缺少安全感，這恰恰是我們這個時代的一個特徵。近年來，社會出現了很多醜聞、緋聞、奇聞，這些都象徵著家庭秩序出現了重整的不安定跡象。人還有欲望，有物質的欲望，有感情的欲望，看到美麗的女性，或者看到體面的男性也會產生欲望。

由於無法控制自己的欲望，被欲望誘惑的結果，陷入很大的焦慮和困惑。

不少夫妻渴望無障礙的交流和溝通，但人生是不可能的。我們總是有很多秘密，而家庭是那麼脆弱，這給我們一個很大的警示，就是要給別人留下空間。家庭不可能追求十全十美，我們只能「差不多就好」。人生就是這麼回事。有的時候我們把理想訂得太高，反而毀了全局。我們必須容忍家庭裡面也有秘密，這種好像應該是最敞開的、最親密的生活，其實也必須保持一點個人的私密和一定的寬容，這是家庭應該有的彈性。

此外，名利的誘惑會讓男人的海誓山盟在殘酷的現實面前化作一縷青煙。在很多男人眼裡，名利主宰著生活的一切，愛情對他們來說永遠是第二位。因此，很少聽到哪個男人爲了愛情自殺，即使有，也只是他們覺得丟了面子，虛張聲勢罷了。他們很難演繹出世代流傳的愛情故事。

有一個姑娘，她說她曾經有一段刻骨銘心的戀愛經歷，她愛過一個才子，並沈浸在將要與他廝守一生的幸福中。她知道他也愛她，從他的擁抱和熱吻中能體會出他的眞心。

然而，才子結婚了，新娘不是她，他不是變心，只求「少奮鬥三十年」，這使得姑娘痛不欲生。

很多男人已經很有錢了，但他們在尋找結婚對象時仍把目標鎖定在富家女身上，是所謂「門當戶對」，「強強聯合」。

他們知道，自己若可以成爲千金的護花使者，就是在一場比賽中奪了冠，而這是多數男人夢寐以求的。如果他是個有頭腦的投資者（一般說來，有錢男人都是），他就會將她娘家的資金與自己的資金融合在一起，連本帶利大賺一筆，讓自己的經濟地位更上一層樓。

在愛情世界裡，往往會由於一個人的錯誤而造成多人的痛苦。萬兩黃金易得，眞情難求。無論男人還是女人，都不要違背自己的感情屈服於名利才好。

愛的提示：

愛情可以幫助你去拒絕許多誘惑，但前提是為了愛情，不然的話，你會在誘惑面前顯得很脆弱。

用愛拯救婚姻

「試離婚」是緩解家庭婚姻危機的好辦法。離婚前，冷靜地對婚姻進行反思，對另一半進行再認識。

萬伶和志強小倆口鬧不合，並提出了分手。但是他們沒有衝動地辦理離婚手續，而是選擇了試離婚。在經歷了一段試離婚的日子後，平靜下來的兩人同時發現，在他們彼此心裡，對方還是像從前一樣重要。志強走時只帶了自己的一些日常用品，因為說好了是試離婚。志強期待這一天很久了。而萬伶終於等到了自己嚮往已久的自主單身生活。分開的最初幾天，他們兩個各自瘋狂地享受著久違了的單身貴族生活：下班後可以盡情的逛街一直到深夜；和朋友喝酒喝到天亮都不用擔心回家後要面對指責。

這種自由、刺激的單身生活，對於萬伶夫妻來說似乎結束得有些早，夫妻兩個在分開的第二個星期，心裡同時有了不安的感覺，開始牽掛對方：「瓦斯該換了，她知道不知道呢？她應該不會又把鑰匙鎖到屋裡了吧……」「天冷了，也不知道他自己有沒有添衣服；走的時候連刮鬍刀都沒帶……」重歸於好之後，兩個人相約，萬一下次再鬧不合，千萬不能一時衝動就離婚，還是採取「試離婚」比較妥當。

很多夫妻爭吵其實並沒有太大不了的，更多是因爲在一起耳鬢廝磨幾年後，生活難以避免趨向平淡，所以有了爭吵。先進行試離婚，給婚姻一個緩衝期，再決定是離還是不離。經過冷靜思考以後，再作出正確、理智的選擇。離婚需要深思熟慮，「試離婚」是一種理智、成熟和愼重的婚姻觀。

有一對夫妻也是在鬧得不可開交後，理智地嘗試了「試離婚」。妻子是一名會計師，丈夫在一家保險公司工作。結婚四年，夫妻始終恩愛如初，讓許多朋友羨慕不已，但是他們之間卻有一個始終存在的矛盾，就是孩子的問題。丈夫是家裡的獨子，一直希望兩個人能有孩子，妻子卻覺得自己太忙了，沒有能力要孩子，就這樣一直拖了四年。後來丈夫提出要分居，搬了出去。妻子的心裡很難受，但她卻始終沒有給丈夫一個承諾。兩個月的分居生活讓他終於下決心，爲了愛妻，不要孩子。分開之後，雙方才感覺到對方在自己心裡有多重要，於是各退一步。

「夫妻沒有隔夜仇」這句話最能夠體現很多夫妻間的爭執。導致離婚的外在因素如社會制度、經濟狀況、容貌美醜等，都必須透過內在因素才能起作用，這就是許多外在看起來很不協調的夫妻卻異常地美滿，而有些外在看起來很匹配的夫妻實際並不和諧的原因。其內在因素很可能就是雙方的價值觀不同，而又不能相互認同和接納。無論是內在還是外在的因素，都不是不可調和的。並沒有到非離不可的地步。這時，「試離婚」便能充分地發揮其作用。兩個人短暫分開讓衝突冷卻。回過頭來再看時，其實所有的爭執並不能成爲分手的理由。

「試離婚」是婚姻存續與婚姻解體之間的過渡階段，是一種準備性離婚。「試離婚」是對離婚的一種主動適應，而不是單純地被動接受離婚。「試離婚」毫無例外都是雙方自願，儘管配偶中有一方很可能只是被動地接受。「試離婚」是解決婚姻困擾的一種相對理性的方式，有助於雙方婚姻解體後的生活適應和心理調適。「試離婚」的雙方沒有像某些離婚的怨偶一樣反目成仇，急於逃離「圍城」，他們的婚姻中畢竟有一些閃光的亮點，有不少值得留戀的美。因此，夫妻間鬧得不可開交時，「試離婚」可以說是一個解決問題的較好方法。

愛的提示：

愛情有時可以重新拯救你的生活，只要你給它一個發揮作用的時間。

用愛經營婚姻

好婚姻好家庭是用心經營出來的。有多少人是把家庭婚姻放在首位呢？在自己所愛的人身上投入了多少時間、多少精力呢？我們每天從早上一直工作到很晚，與自己的孩子待在一起的時間、夫妻相處的時間都少得可憐。許多人一直認爲自己有恩愛的伴侶，卻忽然發現其實兩人早已無話可談；一直認爲自己是盡職的父母，直到兒子吸毒，或者女兒未婚懷孕，才意識到出了問題。你們一家人除了一起看電視，是否有時間交流、娛樂、討論問題、一起散步、在公園教孩子騎自行車？

忠凱事業如日中天，他事先沒有任何跡象地在短短一個月的時間裡完成了休妻、再娶的大事變。男人不到被逼無奈，很少吐露心事，但在一次聚會時，他喝多了。他說他早就不滿意自己的妻子，說她特別自私，從不顧家，連女兒的內衣、裙子都得他操心。工作、家庭兩頭忙，日積月累，他愈來愈感到自己難以負荷，行將崩潰。忠凱內向隱忍，極有修養。他從未和妻子爭吵，只是獨自忍受。

後來他遇上一位知書達理、浪漫柔情的女子，才發現自己受盡了委屈。

儘管忠凱妻子可能有不是，但忠凱也逃不了婚姻失敗的責任。家庭責任由夫妻共擔，他爲何選擇忍受，而不去積極解決？他是否讓妻子明白她的自私傷害了丈夫，讓丈夫感到壓力重重、勞累痛苦？倘若眞是個性所致，他的怨氣、不平和自憐又爲何不早不晚偏偏在遇到新歡時發作？原來，他是絕不會在未尋到新歡前就放棄自己的婚姻的，哪怕這個婚姻有多麼不幸。他其實早就不愛他的妻子了，可是身爲男人，身爲丈夫，難道他就沒有責任幫助自己的妻子認識自己、克服缺點，爲了共同的家改善自己嗎？他用沈默縱容妻子的自私，實際上是自己的心早已出軌。在同情忠凱妻子之餘，我們還要知道，誰也不是天生就能過好婚姻生活的，這是一個共同學習、共同鞭策、共同啓發、共同進步的過程。理解、忍讓、寬容是婚姻生活的基石，它只存在於眞正懂得珍惜婚姻的心靈裡。

婚姻是要能力去經營的。現在三、四十歲的男人還不想結婚，三、四十歲的女性也不想生小孩，他們不再爲愛情所惑，儘量保衛自己的好日子。他們從不鼓勵小女友生小孩，他們想過頂克家庭的生活，想怎樣就怎樣。其實他們這樣做是很有道理的：女人做不了賢妻良母，十分吃力又勞累，會覺得很挫折；男人也一樣，不知道怎麼做了父親，又力不從心，眞是心痛不已。他們自顧不暇，卻也無法怪罪小孩。孩子也一樣，毫無準備地來到這個世界，來到這個家庭，他同樣要受盡這個家庭、這個世界安排給他的折磨。所有的家庭衝突都來自做大人的經濟準備和心理準備不足，在如今這個培養一個小孩會耗盡夫妻一輩子心血的年代，賢妻良母眞是少有樂趣可言的角色，而做丈夫的也並不輕鬆。可是，什麼是準備充分呢？有錢就算是準備充分了嗎？夫妻雙方都充滿了對小孩的期待和愛就可以了嗎？夫妻雙方精力充沛，並且有能力雇保姆，或有運氣請老一輩幫忙就萬事大吉了嗎？

問題很複雜，並且總是因人而異，不好一概而論。女性最怕空歡喜一場，在任何時代任何社會都這樣，只要她是女性，往往會本能地懷孕生小孩，總想用血肉延續自己一生的情感動盪，尋求心理支持力量。很多女性用辛苦勞累以及種種不如意的心情去換取小孩一天天長大，用克己忍耐去換取家庭的平安順利。她們安慰自己：不這樣消耗自己，沒有對的牽掛，自己的人生未必好過；一個人的生活無論怎樣舒服如意，到頭來會不會是光陰虛度？這樣的賢妻良母是被潛意識中的恐懼引向家庭生活的。現代社會大部分女性不是全職太太，男性也不可能做舊式老爺，雙方必須爲各自的角色重新排演劇情。丈夫妻子分工合作，爲情感負責，爲家庭負責。好婚姻好家庭是用心經營出來的，不僅需要理解、忍讓、寬容，更重要的是用心經營。

愛的提示：

把愛情化作經營婚姻的動力，用心經營婚姻才會美妙而持久。

讓生活在婚姻中習慣

小芳的母親不喜歡她的父親工作環境有太多女同事，結果她父親就辭職不做，回家陪太太。小芳受了她父母親的影響，和先生爭執不下。

小芳長得十分漂亮，打扮宜人。丈夫能幹有為，是個小企業家。他們結婚七年，妻子沒有學識，只能在家看孩子，她總是事事要解釋清楚，對丈夫說話也是一樣，每件事數來數去，把丈夫弄得煩惱不堪。丈夫有個很得力的女助手，小芳認為他對這助手太好了，怕他有婚外情，一定要把她辭去。妻子認為如果丈夫愛她，就不會因為另一個女人而讓她難過。丈夫認為這與愛無關，這是工作上的需要，有才幹的助手十分難找。小芳說她並不需要丈夫賺大錢，她要一家人多花時間在一起。她覺得以前她每次不開心，他就會來哄，自從那女職員來了，他不但不再哄她，還生她的氣，動不動就去住飯店。丈夫卻說他實在受不了每天她都跟他吵，心情大受影響，損失了很多生意上的機會。

妻子生了兩個孩子後，天天在家看孩子，丈夫的精力卻大部分放在事業上，一心要做個成功的企業家。二人世界越來越遠，看來這一段婚姻不單是七年之癢，簡直是七年的隔離：男的不停擴展自己的世界，妻子卻是從婚禮之後就一直沒有再進修自己。

不是所有婚姻問題都可以補救的，根據離婚統計，最大的離婚理由不是婚外情，而是夫婦二人不能配合，不能再共同生活。婚姻不是兩個人的事，而是兩個各自被原生家庭洗了腦的人，重複在自己父母身上學到的樣本。很多婚前的思想習慣都會影響到婚後的生活。

兩個人對生活的態度如何？是安於現狀，或是不斷爭取更好的報酬？是不是希望對方給自己最好的生活，而對方的能力很難達到？是否一定要不惜血本給孩子提供最好、最新的東西？交際應酬是大筆出手還是點到為止？兩個人對這些問題的態度可能截然相反。

你覺得他大手大腳，他看你摳摳縮縮，如果有這樣巨大的差異，勢必爆發爭吵。所以夫妻還是不要「高尚」得不食人間煙火，說自己只談愛情不談金錢。記住，對金錢的態度、期望值和使用方法，兩個人溝通得越接近，你們的感情關係就越牢固。兩個人價值觀的一致性非常重要。理解和告知雙方的經濟狀況，進行必要的共同協商，都是婚姻健康的條件之一。

而生養孩子是一個花費巨大的工程，是否雙方都做好了足夠的預算和心理準備？生活中常有這樣的例子：一對快樂夫妻一旦有了孩子，其中一方斷然不能接受孩子分走一半感情和注意力，還把家庭生活水準拉下一大截的現實，走向離婚。

還有兩人對收入要求有多高，達到何種水準才爲止，花錢是大把大把的，還是一小捏一小捏的，對待親戚朋友喜事喪事的禮金等等，這些方面的態度和處理方法的異同，都會大大加深或破壞兩人的感情。

愛的提示：

生活是如此之現實，培養共同的生活價值觀，是使愛情在婚姻中自然延續的重要工作。

別任情感遊移

如果你認定情感是善變的，那麼任你怎麼努力也不能收穫滿意的婚姻；如果你想自由，那就選擇獨身；如果你想擁有安寧的家庭生活，那就別任情感遊移，專心投入去好好愛一個人。

王銳是那種唯美又很實際、現代又很傳統的新式男人，他期望生命不要虛度，不要平淡，好好享受，努力工作，真誠待人，拒絕虛偽。假如婚姻不能給我快樂，又何必要一個婚姻呢？當然，假如感到寂寞，又為何不找個伴兒共同生活呢？這種既要活出激情，又不被婚姻牽累的生活觀，已被越來越多的年輕人認同。這個智商、品味都很高的重情男人一直執著地追求著一種能適合自己的理想婚姻。不需要為瑣事操勞，不需要在經濟上相互制約，不需要那麼敏感，不打聽對方在做什麼……總之，王銳探索著一個穩定又相對寬鬆的婚姻。

王銳坦言，愛情不可能是專一的。沒有人會知道兩年後自己身在何處，會遇上什麼樣的人，又怎麼能保證十年二十年後還和同一個人廝守？然而，如果不能向對方做出承諾，又怎麼能締結婚姻關係？而一旦締結了婚姻關係，就應該守約，不可有欺騙對方的不貞行為。

這比起那些不正經卻又裝做道貌岸然的男人，誠實的王銳可愛得多。然而他儘管理性地把握著自己，最後還是相當疲憊了。回到暫時的家，迎接他的是一大落枯萎的花瓣。王銳的命運結局也無非兩種，一種是正式結婚，不要在愛情之間遊走；另一種是分手，依舊做單身。結果王銳繞了半天還是繞回了老路。

其實，對於婚姻、情感，最重要的就是你尊重我、我愛惜你。如果你認爲對方不合適，那麼換一個就合適了嗎？如果你認定情感是善變的，那麼任你怎麼努力也不能收穫滿意的婚姻；如果你想自由，那就選擇獨身，如果你想擁有安寧的家庭生活，那就別任情感遊移，投入去好好愛一個人吧！

愛的提示：

愛情有時並沒有合不合適，只有願不願意。

被婚姻包容著也很好

婚姻是美好的，但同時又是不自由的。正是這樣才存在了各種各樣的誘惑。在種種誘惑下，如果眞出現了情變，夫妻該怎麼辦？

愛情是一種主觀感受，又需要所愛對象的回應。有回應，就是相愛；沒有回應，則是單戀或者暗戀。愛情，不僅僅是兩個人共鳴的喜悅，還需要得到親人的讚美與祝福，那樣，我們的愛情才有明朗的氣氛。否則，往往成了不被允許的禁忌之愛。愛情很嬌氣，需要一定物質生活條件的養護，需要相愛雙方全心全意的維持。愛情很野性，必然面臨時間變遷、處境變化的考驗。

過來人都知道，愛情原來是最不自由的一件事，一旦有固定對象，它就會變成限制和壓抑，而這又違反了愛情自由的本性。愛情是任性的，它沒有數量限制。所以必須靠人爲力量把持它，用道德力量約束它，因爲它對每個人的正常生活秩序常常起破壞作用。同時，它對人類心靈的信仰也會起巨大的破壞作用。

愛情沒有「保險」。一隻「狐狸精」，或者一匹「薄情狼」，就能輕易把愛情曾經擁有過的光豔迷人色彩，弄得烏七八糟，敗壞得一乾二淨。

時間是愛情的第一殺手。兩個相愛的人，沒有第三者，照樣情變。愛情在時間這個容器裡，讓兩個人的想法、性格以及生活習慣發生大碰撞，卻再也難碰撞出愛的火花。到了一定年齡，連愛情也不容易產生了。有許多上了點年紀的女人，不過是早就明白了「相愛容易相處難」，因而對現實中的愛情不敢靠近。不是怕愛情不長久，而是怕歡樂變憂愁，甚至變成無限的麻煩。她們寧願選擇沒有回應的孤單暗戀，也不願意再去淌男女愛情的河流。水太深了，跟她們理想中的綠水長流景像相差太遠。

丈夫在外面「有人」，其實春紅早就知道，從那些恍如蛛絲輕風的細節中。她也有受傷的感覺，卻一直隱忍不發，甚至是心平氣和地接受了。三十五歲的女人已經韶華不再，三十七歲的男人卻成熟瀟灑魅力正起，何況他也算是事業有成的人物，不需要太過用心，自會有人投抱送懷。這一點，她很清楚。她也同樣明白，三十五歲的女人，感情和婚姻上都已很少有退路，應該學會接受現實的殘缺和不如意之處了。只要他做得不算過分，就隨他去吧。有時，她甚至會跟自己開玩笑：他有外遇，說明他足夠優秀，應該欽佩自己的眼光啊。

事實上，除了那些飄忽不定的懷疑和芥蒂外，他幾乎能算上是個好男人：給她足夠的家用，滿足她一切物質需要；善待她的家人和朋友，在人前給足她面子；記得結婚紀念日、她的生日以及所有應該記得的日子，他總要及時送上鮮花和禮物，時不時還會下下廚房，陪她逛逛街。每個月夜不歸宿不過三五晚而已，而且她也知道有時確實是生意需要打理。她清楚，她在他心中位置還是很高的，就算愛已淡去，還有責任和親情。

其實像春紅這樣的狀況，是可以補救的。她丈夫還愛她，在日常的點點滴滴也為春紅做了不少。不過就需要春紅採取一些行動，去挽救愛情，她要讓丈夫的心全部回到自己身邊。給他一次機會吧，他還是很愛她的。

愛的提示：

愛情雖然總會束縛自由，但有時被束縛的感覺沒有什麼不好。

第三篇

夏娃之愛

從傷害中重生

有人說，成功的女人背後都有一個心酸的故事。我在這裡想說的是，背叛可以擊倒一個女人，也可以造就一個成功的女人，關鍵是女人要從傷害中重生。

隨著事過境遷，歲月流逝，經歷過愛情傷痛的女人，會慢慢堅強地恢復過來，並出人意料地變得鎮定、安詳、平和。雖然傷疤有時還會隱隱作痛，但她並沒有走向極端，因爲堅強的女人相信，絕對的黑暗和絕對的光明對一個人來說，結果是一樣的，就是什麼也看不見。

歐陽是個單純善良、熱情開朗的女子，她有過兩次戀情。這兩次戀情摧毀了她，也造就了她，把她變成一個堅強、獨立、事業有成的女人，儘管她至今單身。

第一位男友曾是歐陽的鄰居，他面似皎月，滿口詩情畫意。由於都是離家在外打天下，兩顆孤獨的心情不自禁地走到一起，他們同居了。上手術檯的時候，歐陽聽著旁邊女孩痛苦的呻吟竟然出奇的平靜。她躺上去，耳畔響起時鐘的滴答聲。她靜靜看著器械桌上廣口瓶裡迅速升高的鮮血，聽到自己體內如雷擊般一陣一陣抽搐的鈍響。這響聲越來越大，幾乎要把她吞沒。她感到自己像一片快要凋零的枯葉，在即將脫落時無力地隨風飄搖。那是一個秋天，歐陽剛滿二十四歲。男友說請不了假，讓她自己來。她穿著黑色毛衣，孤零零地躺在冰冷的手術檯上，像一隻折斷了翅膀的小鳥，那麼觸目，那麼單薄，像一張紙。事過不久，男友說他還是不喜歡戴保險套的感覺。提出分手那天，男友「咚」一聲跪倒在地，痛哭流涕，賭咒發誓會愛歐陽一輩子。

第二位男友和歐陽一見鍾情。他嘴很甜，但答應過的事十有八九不會兌現。就連每次一起搭公車，他都要歐陽掏錢，因為歐陽薪水比他高，遑論他還要付煙錢酒錢。歐陽仍然天真地以為只要有愛，什麼都可以包容。在太多次失望之後，提出分手那天，男友笑嘻嘻地說：「最後陪我一夜，再分手吧！」歐陽感到深深的憎惡和厭倦。她什麼也沒說，轉身走了。

女人總是反反覆覆分分合合，在退到不能退、忍到不能忍時，才對男人徹底絕望；總是在全力以赴、身心交瘁、萬念俱灰時才主動了斷。在單身的三年裡，歐陽一度深深的自閉，她恨自己！她覺得自己渾身上下都是恥辱！有親朋善意關切，勸她：「人不是為過去活，過去了就忘掉，不要想不開。人要為今天和未來活。」

然而她沒有勇氣在短時間內投入新的戀情，一是因為她已把工作視為自己生活的重心，愛情並非生活的全部，她還要生存。二是傷痛的往事已在她靈魂深處打上了滾燙的烙印，她永遠忘不了那些令她撕心裂肺、寒透骨髓的傷害，每當觸景生情，她就不寒而慄。

歐陽決定面對現實，這是莫大的勇氣和智慧。逃避痛苦只會加深痛苦的程度，只能在自己狹隘的小圈中自怨自艾、自我作對，而永遠無法守得雲開見月明。難以想像，歐陽是如何在無數個難眠之夜，用理性這把手術刀劃開自己的軀體，痛苦地撕扯掉那些愚昧的粘連，反覆尋找令她受傷的病灶，然後手起刀落，切除那些使她重蹈覆轍的毒瘤。

歐布萊特年輕時是一位愛情至上主義者，她大學畢業三天就結婚，那時她才二十二歲。她的夢想是當一名記者。可是因為她的丈夫也是記者，老闆認為夫妻雙方不適宜在同一家報社共事，她如果去其他報社可能會對丈夫的事業有影響，所以放棄了自己的記者夢，繼續求學深造。她用了整整十三年才拿到哥倫比亞大學的碩士和博士學位，並投身政界。當初，歐布萊特僅僅因為害怕影響丈夫的事業，而放棄自己的夢想，改從事他途。她從未想到有一天會結束自己的婚姻。

那一年，她四十五歲，是三個女兒的母親。在這之前，她幾乎從未獨自生活過，離婚後的生活舉步維艱。但透過這件事，歐布萊特的人生從此有了很大的轉變。她學會獨立，並從此振作起來，如果她沒有離婚，也許就當不上國務卿。生性樂觀豁達而自信的歐布萊特沒有陷入離婚的痛苦、怨恨和孤獨中，她很快走了出來，她相信任何一件事情的發生都事出有因。她不想過多的分析、探尋自己婚姻失敗的原因，因為這個問題很複雜，說不清楚，而且現在也無關緊要。最重要的一點，她堅信：事情既然發生了，就總會向好的方面發展。這次婚姻的結束，是歐布萊特一生的轉捩點，也是她日後走向成功的一個新起點。

歐布萊特真是一個了不起的女人，她的名字注定是要載入史冊的。她的偉大之處不僅在於政治，她用自己的成功，告訴世人一個十分重要的人生哲學：像離婚這樣的事情未必是天大的壞事，關鍵是你經歷婚姻失敗後的態度。態度決定一切。

女人往往經過鮮血淋漓、大悲大痛的愛情之後，獲得新生。有人說，女人愛一次就傷一次元氣，需要時間恢復心力；而經歷過那些灼熱的傷痛之後，她清醒、冷靜地作自己的旁觀者，而不會一錯再錯，讓過去成為未來的陰影。從這方面來講，女人應感謝那些可能會令她終生疼痛的烙印，因為她終於為下一場美好的愛情更新了自己，對未來充滿期待。

愛的提示：

在愛情中不受傷害的人少之又少，對大多數人而言，重要的是如何去看待這些傷害。

女人因讀書而美麗

讀書的女性往往心有明燈，守得住心靈這個寧靜的港灣。讀書使得女性心有夢想，即使平凡如葉，仍能創造葉的美麗和生活的樂園。把自己引向有花鳥樹木、藍天白雲、繁星明月的地方，那永不失去的夢想更是她們生活中的一首詩、一幅畫、一段遐想、一片心境、一點安慰、一些希望。

女性讀書使生活情趣高尚，豐富自己，增加自己的內涵，從而使得心態從容，心境保持年輕，對於年華的逝去也不那麼畏懼。因爲讀書使她們懂得如何讓自己從「憂鬱」的境遇中解脫出來，不怨環境，也無須豔羨別人，在讀書中讓心情一天比一天愉快而年輕。

現在是滿街「美女如雲」的年代。透過精心的裝扮，人人可成美女，然而她們卻美得那樣浮躁、那樣時髦、那樣張揚，沒有人會爲她們茶飯無思、寢食難安，也沒有人會爲她們生生死死、肝腸寸斷。當今的美人忙於在血肉之軀上動刀，苛刻點說，當代社會「美女如雲」的奧秘，在於部分女性都已經成爲經過特殊處理的技術產品。她們把鏡自歎：臀部太寬，大腿太粗，乳房太小，腰太高，腿太短……都已經算不了什麼，只要有錢，就通通不難改造。

梅花之香自苦寒中來，美是文火慢慢焙出來的，其中含蘊著一股濃濃的書卷氣，滲透而出的是智慧的餘香。而人工美人卻不然，在她們身上散發出來的頂多也就是一股濃濃的香水味。相對於讀書女性的恬淡文雅，當代的美人只能被稱之爲辣妹。讀書女性令人回味無窮，而人工美人美得毫無想像力，美得沒有內涵。有人說，三流的化妝是容貌的化妝，二流的化妝是精神的化妝，一流的化妝是生命的化妝。現代人化粧打扮是必不可少的，但不要忘了內涵透露的才是眞正美。高爾基說「學問改變氣質」，讀書是氣質和青春的泉源。讀書是不分年齡界限的，年年歲歲都是女人讀書的芳齡，永遠是一份不過時的美麗。

愛的提示：

除了外型美麗之外，為女性贏得愛情的元素還有很多，腹有詩書是其中之一。

女人要裝扮自己

女人要學會裝扮自己，不要拿性好樸素做擋箭牌，不要拿家務做藉口，不懂時尚，妳就不是一個完整的女人。

衣服是一個人身份的象徵。愛美的女性都會有一大堆的衣服，在不同的場合穿戴不同的風格。有些女人結婚前還蠻喜歡打扮的，可是結婚生了小孩子就穿得一塌糊塗。這樣子可不好，穿著打扮一方面是給別人看，讓老公賞心悅目；另一方面是給自己看的，穿漂亮了，女人的自我感覺會提升。無論從那方面講，不管是單身還是結了婚的，都要學會裝扮自己。

一般有一官半職的女人，或是職場上的女性都很講究個人的形像。因爲她們需要經常出入大小會場，面對部下須保持威嚴，因此一定的外表包裝是少不了的。能在社會奮鬥到一定地位，必是人到中年了，因此有人說，如果見到穿著很邋遢的中年女人，可推測她大半事業平平，因爲中年有所成就的女人都會顧及一下自己的儀表。

很多有成就的女人感歎自己比男人付出要多，就是因爲女人要成就，必須在社會上

「當男人」，在家裡「當女人」，還得防被貼上「女強人」的標簽，而男人只要「當男人」就可以了，很少有成就的男人願意在家裡「當女人」。女人在事業發展過程中，要適應社會對女性的要求，在家庭生活中，要扮演賢妻良母的角色，所以必須在事業與家庭中做出一種既讓社會接受也讓自己滿意的平衡。而透過「變裝」，女人可以自在轉換多變的社會角色，讓自己更稱職的勝任角色工作，爲自己加分。

愛的提示：

「佛要金裝，人要衣裝」，這在愛情世界也是不變的道理。

女人要自信

美貌短暫，美心永恒。容貌衰退是不可抗拒的客觀規律，人人無法逃脫，而自信的氣質、風度卻能透過主觀努力不斷提升和完善。自信、善良、寬容這些女性的魅力之源，最令人傾心。

女人的美麗是當今都會生活中的一個重要話題，美麗女人是街頭亮麗的風景，彷彿城市招搖的名片。繁華的都市街頭，倩姿麗影時不時以加倍放大的尺寸在高高的廣告看板上向人微笑；街頭小報、雜誌封面更是明星們的善睞明眸；回到家裡打開電視機，每個晚上你都會不斷地與漂亮女人相遇……男人看美女，只要欣賞就好，女人的任務則不那麼簡單，她要琢磨、對比、再改造自己。

女人的美麗成爲時尚，符合時代進步的主旋律，因爲衣食無憂之後才能追求審美，女人對美麗的癡迷顯示了社會的富足安康；何況女人對美的追求還推動了經濟的發展，想想有多少企業是爲了女人的美麗而運轉。當市場疲軟、街市冷落時，美容院、整形診所、健身中心依然生意火爆，是美麗的消費還在支撐著市場。正因爲女人拿美麗當作武器，讓追求美的道路變得艱辛難耐，其後果也多有不堪：有女孩爲了增高，竟然斷骨，最後致殘；有女孩爲了減肥竟然厭食而死；還有女孩爲了曬成古銅色性感肌膚而被灼傷，得了皮膚癌；還有的本有一張正常、生動的臉，爲了美麗去整容，結果變得連自己都不認識……女人爲了「美麗」付出的代價太大了！難道女人眞的忘記了：美麗誠可貴，生命價更高。

現實中，「美麗旋風」帶給女人的並不總是快樂。所謂「天使的面龐、魔鬼的身材」讓多少女孩子自慚形穢、少婦們焦慮不堪。對於美的追求是否反而打擊了大多數女人的自信？

女人應爲誰而美？「女爲悅己者容」的說法並不全對，因爲女人有時也會爲一個令她不快，甚至是她所恨的人而「容」，比如去談判、去求職、去討債的時候，女人都會打扮一番，爲的是要打敗對手，這時她是將美麗當作武器；女人還會拿美麗當作工具去賺錢、去獲取一個闊太太的身份。總之，美麗是被女人自己或是被別人所用。在這些時候，美麗都不會帶給女人自己眞心的快樂，甚至可能是更多煩惱。只有當女人在「爲自己而容」，才能從美麗中獲得自信與快樂，這時的女人才是眞正的美麗。

在這個處處充滿競爭的社會，那種只有美麗的面容，卻自怨自艾、柔弱無助的女人已日漸失去市場。男人不再是女人的主宰，女人也早已不是男人的附庸。女人學會自我拯救和自我完善永遠是最重要的。渴盼男人賜予幸福永遠是被動而不安全的。一位年輕的女記者在擠身記者行列之前，只不過是一個極其普通的農家女孩。她不甘消沈，勤奮苦學，來到一家大報社毛遂自薦，不要一分錢工資，靠寫稿維持生計。幾年下來，她成了一位頗有名氣的記者。這種樂觀自信的女人才會得到別人的欣賞。

自信的女人往往能嘗試著讓自己的心靈通達，讓愛在平淡中走向堅固和永恒。一位知識女性，深愛著她的丈夫，但是她也沒忘記珍愛自己。她的丈夫常年在外經商，但他們的感情十分融洽，從未有過一絲半點的裂縫。有人問她，不擔心老公在外面尋花問柳嗎？這位女士回答：「我和他的愛從來都是平等的。從接受他的愛那天起，我就給了他信任，我愛他但不苛求他。我希望他成功完美，但我從未把自己的一切抵押在他身上。我擔心什麼呢？有些時候感情這事兒你放開來，其實恰恰就是一種最好的把握。有些女人從一開始就把自己擺到一個乞求感情的劣勢，悲劇往往就從這裡開始。對自己都不自信，別人怎麼看重妳？男人往往就是這樣，過於看重他，也就是昭示他可以輕而易舉地主宰妳的感情和幸福了！這一點妳首先就輸了。因此，感情是最在乎尊重和平等的……」

不用說，有這種見地和胸懷的女人，男人自然會感到她的可愛了。男人愛上一個女人的同時，並不希望在愛的約束下喪失自己的一方世界。男人在乎愛情的默契、寬容和理解，因爲這種愛不致阻止男人身心自由地闖蕩人生——畢竟，在男人的眼裡，愛情並不能代表人生的全部。

女人內在美、心靈美才是眞美，自然是美，健康是美，生命是美，最重要的——自信是美！千萬不要忘記了！

愛的提示：

自信的女人能追求到她想要的愛情；不自信的女人在美妙的愛情裡憂心重重。

女人要學會自立

漂亮的女人很吸引人，但是老公和妳過日子，天天待在一起，看久了肯定會產生「審美疲勞」。服飾、美容是做漂亮女人的重要條件，但不是必要條件，妳還必須要有吸引力。吸引力的最大來源就在於妳是否依附於他？如果妳是獨立的，在生活上、經濟上、朋友圈和精神上，妳都獨立自主，那麼在他的眼裡，妳就會很具有吸引力。更重要的是，妳會感覺自信，發現生活更加美好。

獨立的女性要有自主的意識，要保持人格和經濟上的獨立。物質基礎決定思想意識，只有解決了自己的衣食溫飽，具有生活基礎，妳才可能去追求理想。若是女性必須依附男人，沒有經濟獨立的能力，妳很難做到精神和思想上的獨立。經濟的獨立可以使女性具有社會價值，從而在心理上具備可以與男性交流、對話的自信力，也可以在與男性的交往中保持自尊、平等的地位。

舊社會的傳統女性沒有工作，只能在家生兒育女。因爲沒有獨立的經濟，她們的身份無法獨立，始終依附於丈夫，被排除在主流社會之外。當今女性有了一份固定的收入不僅可以養活自己，而且與男性同等地提供生活經濟來源，並且擁有了選擇權。經濟的獨立可以保證女性在婚姻中向男性表達自己的觀點，促進相互之間的瞭解與溝通；可以參與生活的規劃並在其中負有責任；可以自主地決定發展，還是中斷婚姻關係；總之，經濟的獨立可以保證女性在婚姻中獨立、平等、受尊重的地位。

女性有了經濟上的獨立，就可以有思想意識的獨立。獨立的女性自主地選擇人生，自主地確定發展方向。思想意識獨立的女性，會不停頓地學習知識，勇於豐富自己的人生。由此，女性也累積了獨立的精神動力與資源，在戀愛婚姻中自然會有獨特的魅力。獨立的女性有自己的理想追求，有自己的情趣愛好，更有自己奮鬥的天地，這些都是建立在自我獨立基礎上。因此獨立的女性在戀愛婚姻中不會丟失自我、壓抑自我，更不會將自己置放在依附的位置，她會與男友或丈夫建立起平等的關係，會在戀愛與婚姻中互相推動，繼續成長。

受過十幾年教育的女性，有幾個願意受男人的禁錮，待在家中甘願做個犧牲品。一個獨立的女人可以在工作中追求滿足感，閒暇時享受獨處的時光，在自己的空間中尋找感動。即使在兩個人的世界裡，依然可以堅持自己的個性。

很多人認爲離婚是人生中的失敗。其實，如果婚姻已是生活的枷鎖，女人就應該擺脫掉它，去尋找自己的生活和發展，尋求獨立。假如沒有選擇離婚，妳依然會扮演著心不甘不情願的妻子角色，根本不可能活出自己的精彩。所以，離婚有時候是妳的成功，而不是失敗。

寧晶離婚和離職是同時進行的。她想，既然決定改變，就對自己的人生來一次徹底革命。

離婚是寧晶提出來的，丈夫的自尊心受到傷害，就把房產、存款都收了起來。寧晶本來也沒想爭財產，但沒想到丈夫做得這麼絕，這樣一來倒成全了她。畢竟一起生活了這麼多年，心裡不可能一點欠疚也沒有。這下，欠疚正好和留給他的財產相抵消了。寧晶帶了點衣物和幾萬元，就義無反顧、頭也不回的把自己從過去的生活中搬了出來。寧晶在離市中心不遠的地方租了一間房，付了半年的房租，又買了些簡單的日用品，就開始了她獨身的寫作生活。因為這之前，寧晶在某暢銷雜誌寫專欄，所以並不擔憂生活開支。

我們周圍，離婚的女人不在少數。她們在離婚後重拾了自我，好像換了一個人似的，重新在生活上有所作爲。因爲她們發現，自己曾經太過於專注家庭和婚姻，甚至已經與社會脫節。從寧晶的經歷中，我們不難看出，女人應該愛家庭，盡力維護婚姻的完整；但是當家庭、婚姻成了女人的枷鎖時，就應該有所行動了。

愛的提示：

在愛情中保持獨立的女性，才能在愛情的裡外健康生活。

女人永遠需要溫柔

有兩種女人很可愛，一種是媽媽型的，很體貼人，很會照顧人，把男人照顧得非常周到，和這樣的女人在一起，會感覺到強烈的被愛。還有一種是妹妹型的，很膽小，很害羞，非常的依賴男人，和這樣的女人在一起，會激發男人的保護欲，主動去打老鼠、扛重物什麼的，保護自己的小女人。而既不知道關心體貼人，又從不向男人低頭示弱，這樣的女人最讓男人無可奈何。

個性強悍的妻子，往往會有一個內向的丈夫，這是十分有趣的現像。大部分兒童精神問題，都反映出父母之間關係的不協調，連這些父母自己也都明白孩子的病因，既然如此，他們理應設法解決婚姻上的危機。可惜的是，這些夫婦找到孩子問題的根源後，更是無從入手。最常見的，是夫妻中的女方百般苛求，男的卻以不聲不響消極抗拒；女的說話伶俐，男的越是舌頭打結。最糟的是，女性看過很多婚姻輔導文章或上教育課程之類，在沒有受過訓練的丈夫面前大抛學問。女的越有專家支援，男的越加退縮。

陳小紅是個事業有成的女人，丈夫卻平平淡淡。她一心要把孩子培養成人中之龍，偏偏她十歲的兒子與書本完全無緣。陳小紅天天陪他讀書，但是媽媽越努力，兒子越散漫。到後來，也不知道是兒子讀書，還是母親讀書。父親看在眼中，明知妻子過於緊張，卻不肯多言。因為他知道要參與教子，就得與妻子對抗，這是他絕對沒有把握的一件事。後來丈夫終於鼓起勇氣，向妻子提出建議，叫她放輕鬆。妻子唇槍舌劍，拿出一本本教育專書，譏笑丈夫不看書何來教子之方？不擅言的男人缺乏反駁能力，只好沈默。而他的沈默，卻是妻子的致命心結。她滿腔話語無從傾訴，只有將全部心思放在兒子身上。結果，陳小紅使丈夫繼續過那不用向妻子負責的生活。

今日女性扮演的角色越來越多姿多彩，對婚姻有一定的要求，再也不像上一代母親那樣容易接受命運。相反地，男性卻往往對男女性別的角色帶著古老的價值觀，他們無法應付妻子的種種要求，又不善於爭吵，發覺一開口占下風，沈默便成爲他們唯一的武器，也是對妻子的最大報復。

女性要明白，事業的成就並不等於婚姻或戀愛的成就。女性對待丈夫咄咄逼人的態度，終究會使家庭失去和樂，雙方到了不可調和的地步。請千萬不要做第三種女人。

愛的提示：

愛情總是要求女性更多的溫柔。

女人要既感性又理性

女人對丈夫要感性點，過日子則理性點。

感性——婚姻是建立在彼此由衷地愛慕、尊重、互助之上

從最初的熾熱、甜蜜退到瑣碎的日常生活中，有多少做妻子的能有持之以恒的耐心和溫柔來面對丈夫。乾淨的髒了，髒的洗乾淨了……日以繼夜，永無止期地重複著例行的家務，妻子爲這種原地踏步而心焦力瘁。婚姻生活只是日常生活的一種延續，只是多了一個生活的伴侶，生活的本質卻沒有太多的改變。然而女人有了丈夫，就經常奢望改變平淡如水的日常生活。如果期待落空，妻子的抱怨就越來越多。

可做丈夫的希望妻子能像婚前一樣溫柔可愛，並且比以前更加愛他。男人對溫柔永不厭倦，女人可以用「甜言蜜語」來擄獲男人的心，使他成爲妳的丈夫；婚後，妳依然可以「故技重演」，讓他心甘情願，心滿意足地做妳的好丈夫。可是，女人已被日常生活中的瑣碎消耗得所剩無幾，無暇再來眷顧本該得到溫情的丈夫。妻子們經常抱怨家務

太多了、丈夫對自己不關心、丈夫的收入怎麼不見漲……於是，最初的不快、不和諧從這裡埋下根。男人們開始失望，當初那個乖巧懂事、善解人意的可愛女孩怎麼轉眼之間就變得不可理喻了呢？

夫妻依靠忍耐、寬容、理解來共同演繹生活。生活是要靠彼此的磨合來繼續。哪怕妳是公主，也必須學會忍受，甚至委屈和誤解也要一笑置之，這並不意味著屈服，在某種意義上來說，這是生活的一種技巧。智慧的女人在磨合中贏得更深的愛，在長久的瑣碎中去經受現實的侵蝕，還要一直保持羅曼蒂克。我們常常聽見已婚男女說這樣的口頭禪：老夫老妻了，還來那一套。往往夫妻間最初的裂痕就是在這種心態下出現的。

女人希望愛是長久的熱烈，但很快就失望了。面對日常生活中的瑣碎，玫瑰花、節日的禮物和意外的驚喜早就沒有了，驀然發現鏡子裡的自己已經臉色枯黃，滿臉皺紋，往昔那個讓人怦然心動的小女孩已經成爲這副模樣時，女人的心變冷了，繼而對身邊的這個男人有了更多的怨恨，再也無法像少女時代那樣，柔聲細語、含情脈脈了。嗓門變得越來越大，脾氣也越來越壞，丈夫覺得妻子越來越不可理喻，他也就越來越沈默，甚至不願再待在這個沈悶和讓人心煩意亂的家裡。悲劇的序幕已經拉開，等待著的，就是愈演愈烈的惡性循環。女人責怪男人，是男人把自己折磨成這個樣子，男人也不能理解，當初如此傾心的妻子怎麼會變得連自己都不認識了。世間的男女很少能讓自己冷靜下來，重回到理智和溫情裡。

男人希望有一個美滿的家庭，溫柔、善解人意的妻子，和睦的家庭氣氛。自然，這樣的妻子會贏得丈夫從心底的尊重與愛意。女人總在抱怨，丈夫的關愛、呵護隨著婚姻年頭的增長越來越少了，而不耐煩的丈夫們總是忿忿不平道：到底要我做什麼，妳才感到滿足呢？

茫茫人海中有緣走在一起實屬不易，懷著珍惜的情感去面對，就會有一顆包容的心。男人能夠受到妻子真誠的愛，即便是受苦受累，也會心甘情願。

理性——過日子當然要理性一些

戀愛時，還可以天天找浪漫，可是要真正過起日子來，還鋪張浪費，日子就很難過得舒適了。

很多女孩子不進廚房，不做菜洗碗，買回來的大批廚房用具只起到裝飾作用。說起做飯，很多女孩子總會帶著一臉迷茫，清澈的眼眸裡，是狡黠和不屑。梅子原本以為，有了愛情，會不會做飯實在是件不值一提的事兒，所以最初跟前男友軍強濃情蜜意的時候，根本沒將做飯問題放在心上。每次和男友從外面吃飯回來，就並排坐在沙發上，一人一個抱枕，一邊喝著啤酒，一邊看電視或聽歌。誰知到了後來，因爲兩人都不會做飯，導致分道揚鑣。軍強後來結識了一位新女友，經常會給軍強打電話：下班早回來，我煲了湯給你喝！那一鍋湯水，如同萬能神藥一般，滋潤熨貼著男友情緒上的褶皺。等男友來了，女人雙手托腮，看著他在一堆盤之間流連吃喝，兩人是多麼幸福啊。好廚藝成了生活的潤滑劑，溝通自然沒問題。

過日子，總沒有天天呼朋喚友到處揮霍的道理，也沒法孤單一人坐在豪華酒店裡獨享。尤其是在城市裡，隨處可以買到現成盒飯唬弄肚子的日子裡，要有一桌家常的飯菜，撫慰的，恐怕不光是胃囊吧。

愛的提示：

感性和理性兼備，愛情生活才能美滿而甜蜜。

女人要愛護自己的健康

女人應學會愛惜身體，女人愛自己才能增強自尊心，也才能徹底改進自己。愛惜身體並不是胡亂減肥，折騰自己。女人要拋開世人眼中所謂的理想美，不要等待別人來讚美，要懂得自己崇拜自己。

好久沒有運動的女性，可以試著發現活動身動有多麼美妙：伸展、行走、跑步、跳躍。運動的女人看上去精力更充沛，壓力更少，體態更曼妙，而且對生活持更積極和樂觀的態度。健康的女人會告訴你，經常活動肢體是改善生活最重要的事情。

沒時間，身體太弱，患了感冒，太熱或者太冷，太累，太沮喪……這就是懶女人運動的種種藉口。其實，如果能發現運動的好處和樂趣，就會樂此不疲了。從運動發現樂趣，發現好處，繼而發現身材健美有力，人也越來越精神，妳就不再把運動視爲苦差事，而成爲讓自己很有成就感的事情，成爲促進健康、輕鬆愉快的消遣，因爲它確實如此。

想像一下妳能從事的各種運動及快樂：跳舞、游泳、羽毛球、網球、騎自行車、瑜伽、太極拳……而即使是在明媚的陽光中散散步，都能使妳頭腦清醒，呼吸到新鮮空氣，釋放緊張情緒，增長力氣，集中精力。現在開始活動，一次一步，一步接一步。很久以前，我一直抱怨健康不佳，現在我則做著深呼吸，慢跑或是散步沈思。我覺得身體比以前好，人變得有活力，煥發出青春。女人死氣沈沈，是很可怕的。

女人和自己身體的關係是最重要的，較之丈夫、孩子、朋友和同事更為要緊。因為身體是人生存的載體——是我們付出、愛、活動和感受的載體——如果身體不能良好的運轉，那麼我們的生活就沒有什麼能夠運轉了，更別說照顧家人、奮鬥事業、享受生活。

愛的提示：

任何時候，都不要忘記愛惜自己的身體。

女人要學會關愛

芝加哥大學一位社會學家調查得出「權威性的結論」：在健康問題上，丈夫對妻子的依賴遠遠多於妻子對丈夫的依賴，妻子是丈夫的健康守衛和社會秘書。因此，即使丈夫在工作上花很多時間，只要有妻子的關照，他們及其妻子的健康都不會受影響。反過來，如果妻子不聞不問，多數男子都會忽視自己的健康狀況。按照這一結論推演下來，丈夫身體健康狀況出現問題，多半是妻子關照不夠所致。

這份權威性的調查結論僅僅告訴我們，妻子照顧丈夫的健康如何重要，忽略了對丈夫的關愛還要推及情感和精神面。

關愛丈夫要適度。妻子不能把關愛當作「濫愛」，關愛過了度，成了丈夫的壓力。一位望夫成材心切的妻子，爲「打造」自己心中的理想丈夫，立志在半年之內將丈夫塑造成爲「年輕化、智慧化、財富化、自動化」的「標準好老公」。妻子不惜財力將丈夫從頭到腳包裝一新，還爲他報名參加了英語培訓班。丈夫每天早晨六點起床，讀一小時英語。晚上下班後，還要閱讀妻子買回來的一大堆企管書籍，臨睡前再向妻子彙報一天的工作和學習情況。兩個月下來，達不到妻子要求的丈夫萌生離婚念頭。這位妻子實在是關心過了度。

愛的提示：

把握好關愛對方的尺度，既不讓他冷，又不讓他熱得發狂。

女人要來點情調

過日子也要不時來點情調。情調有很多種，不一定要花費金錢，只要下點心思。

情調是一種「情緒的調味品」，它能給你帶來好心情、好享受。比如，不喜歡做家務的女人，打掃房間的時候放自己喜歡的ＣＤ，休息的時候泡杯好味道的咖啡，給花花草草澆些水，化一個漂亮的妝，讓心情好起來，或者在有陽光的午後，在陽臺上一邊曬太陽一邊看書，這就是情調了。

男人喜歡有情調的女人，有情調的女人有女人味。普通的女人爲錢斤斤計較，買菜和小商小販討價還價，喜愛三五成群地逛商店殺價。有情調不一定就等於多花錢，尤其是兩口子過日子更是如此。花點小心思，就能有情調。不妨試試把長髮柔柔地放下來，捧一本小說讀讀，有時候喝喝茶，聽音樂，和朋友聊天，享受周遭的浪漫氣氛。並不是非要到「吧」裡去喝才是情調，找個特別談得來的朋友，空閒的時候一起在家中小陽臺沏兩杯菊花茶，有時只是淡淡地坐著，什麼也不說，都是情調。

佩佩的丈夫變得沈默許多，很少像從前那樣和佩佩嬉鬧了。他甚至再也不賴床，每天鬧鐘一響就跳起來去上班，以前他總是喜歡按下鬧鐘繼續賴床，佩佩每次再三威脅才能把他從床上拉下來。下班回來，他也很少和佩佩搶遙控器了，多半都待在書房裡，沈默寡言，若有所思。佩佩知道是丈夫壓力太大了，決心要為丈夫減壓。她租了《豆豆先生》的光碟。起初丈夫並不想看，說是太弱智了。佩佩就買回一大堆好吃的，以身示範，撒嬌拉他看，讓他知道老夫老妻撒嬌並不難為情。慢慢地，他真的被這個豆豆先生給逗笑了。以後丈夫也經常故意作出一些搞笑動作來。佩佩還請老公看電影，一手可樂，一手薯條，回到談戀愛時候的感覺，讓丈夫激動得說不出話來。

夫妻過日子，最重要的就是要有美好的希望，來些情調，給些美好的希望。不要忘記在努力工作賺錢買房、買車之時，來點情調，緩解壓力，讓兩人物質、精神都豐收。

愛的提示：

給愛情來點調味品，讓它適時呈現全新的滋味。

第四篇

亞當之愛

男人要學會尊重

有一種極不像話的男人，根本不尊重女人，把女人當成玩物、寵物，進行圈養。他們功成名就，經濟能力和社會地位都比較優越，在社會上呼風喚雨、左右逢源慣了，對女人就不當回事，性欲來了泄一下火，完事了就丟在一邊；在家中嫌惡黃臉婆，在外面嫖妓。這種人認爲女人不過是自己出錢養的哈巴狗罷了。

另一種是與自己的女人斤斤計較的男人。現代女性所承擔的職責是很大的，既要工作，又要照顧家庭，男人應該打從心底尊敬女人，才能談得上愛女人；愛女人，才算眞正的男子漢。凡事和女人計較，攀比「平等」的男人，「平等」意識太強烈了，不知道女人生兒育女，又要盡工作的職責，男人有時應該多承擔一些對社會、對家庭、對父母子女的義務。

眞正的男人是堅強的堡壘，能給自己的女人尊重和安全感。

尊重另一半的男人應做到不當著另一半的面張望其他女子；經常送給另一半小禮物；在另一半找不到他時，告訴她事情的原因，這是對另一半的尊重，而不是侵犯隱私；有時也要誇獎另一半做的飯菜和她的新衣服。

身爲男人，最起碼要懂得遵守社會對於婦女的禮節：與女性共同上樓梯時，男人通常應走在前面；一起下樓時，則應走在後面。然而，在下很陡的樓梯時，男人應走在婦女的前面。這樣，如果女方突然絆了一下，就可以攙扶她。

當男人遇到女人「蠻不講理、不可理喻」的時候，男人不要不停地爲自己申辯，更不要大聲責問女人。無論男人如何的有理，只要事件不是原則性的大問題，男人是可以讓一下女人的。

那些成功走過愛情歷程的人都知道，對女孩子的尊重有多麼重要。很多人並不以爲然，認爲不就是睜一隻閉一隻眼、唯唯諾諾嗎？不就是用甜言蜜語去打動女孩子？不就是在經濟上支援她們嗎？女孩子天生要人疼愛、要人欣賞、要人憐惜，但當這些不能兼得時，女孩最需要的就是別人的尊重，特別是得到另一半的尊重。如果在「尊重」這方面不小心傷害了她，那一定要好好深刻檢討和反省。戀人之間，有時對與錯只是相對的，有時雙方只是各執一理。如果這些誤解不傷及雙方的感情問題，那麼一定是小事。小事就要放開，而且要男方主動放開，切不可爭個你死我活！如果男方做不到這點，那麼你注定得不到眞正的愛情，沒有能力談一場成功的戀愛。女性是情緒化的感情動物，情緒容易受外部環境因素的影響，所以常常在爭辯某一事物時，把目標轉移到對人的攻擊。如果男人以爲可以得理不饒人，不肯適當遷就女方的觀點和看法，事態可能發展到不可收拾的地步。

女人天生愛做美夢，愛幻想。夢裡有她的白馬王子，也有她的夢中情人。但這些王子、情人不是具體的某個人，不會是明星偶像，更不會是你，而是她們心目中完美的自我形象。當女孩子把心奉獻給你的時候，你只需要做一個忠實的聽衆或觀衆。如果男人不明白其中的道理，處處對女孩子指手畫腳，結果往往會很嚴重。好好學會如何尊重自己的另一半吧！

愛的提示：

任何時候都要懂得尊重別人，愛情也不例外。

面對瑣碎，從容依舊

如今的女性對男人的期待越來越高，她們再也不像自己的母親對男人要求那麼簡單了。她們除了希望丈夫事業成功，能擔起自己的經濟責任外，還希望丈夫做家務和盡爲人父的職責。她們不再容忍大男人主義的男人，她們希望得到男人的支援、尊敬和愛護。

這些看起來很「苛刻」的條件，是女性在社會上地位提高，並且對社會更有影響力的結果。女性越來越當仁不讓地成爲推動世界的主力軍。

女性已成爲最大的消費族群，具有強大的購買力。女性在財經上的影響力越來越強，很多女性賺的比她們的丈夫多。

儘管女人地位提升了，卻還是承受了比男人更多家務。長期以來，照料家人的責任通常落在婦女身上。這使她們難以追求自己的事業理想，家務繁重還使她們難以在公司中得到升職或在政壇進行角逐，面對這種現狀，很多女性選擇晚婚和不要小孩。

然而，「男主外，女主內」的傳統觀念，仍然根深蒂固。

過於繁重的家務勞動會使人覺得不堪重負，對身體有害無利。由於過重的家務勞動往往令女性感到委屈、壓抑，引發心理障礙，進而離婚的事也時有發生。夫妻雙方應相互體諒，共同分擔家務勞動，不要讓女性被家務勞動拖累而對婚姻產生厭倦。一些女員工在懷孕、哺乳、撫幼期間，家務勞動過於繁重，不僅影響她們的身心健康，也危及家中的成員。

家務勞動應該由家庭成員共同分擔。最重要的是丈夫以身作則。丈夫做家務，不僅分擔了妻子的負擔，也給孩子作榜樣。家長應該培養孩子的優秀品格，鼓勵孩子參與家務勞動。

夫妻對於家務認識的不一致，經常導致家庭不和。艾莉和宇淘只是扮演名義上的夫妻，在家裡也不吵架，卻早已各管各的，沒有話說。不過在經濟上還是配合得不錯，宇淘每月該交多少錢如數繳納，艾莉管家。宇淘剩下的錢怎麼花和艾莉怎樣花錢均互不干涉。這原本沒什麼，家庭經濟如此安排的也很多。不同的是，艾莉和女兒竟不知不覺把丈夫踢出家外，家中的事一律不與宇淘談，不要宇淘管，艾莉的解釋是：「跟他談了沒用，他反正不聞問。」

宇淘喜歡玩麻將，凡休假日必在麻將桌上，晚上不到十二點不回家，後來發展到一整晚都看不見人。早上艾莉急著上班，宇淘還老不回家吃飯，家裡像根本沒宇淘這個人。艾莉有事沒法跟他談，後來就是有機會也懶得跟他說了。

對於目前的狀況，宇淘也是一肚子苦水：「你以為我就那麼愛玩呀，我是沒辦法才走到這一步。我知道我是玩物喪志，但我只能這樣麻醉自己。我回家，她們都不願和我說話，我要問一問女兒的事，她就說『你玩去吧，不要你管』。女兒也不再理我，連電視也不讓我看，只要晚上我待在家裡，女兒就說，你怎麼還不走啊？」

後來，有人勸告宇淘：「嘔氣總不是辦法，為了女兒，你們要和好起來，多關心關心家裡，多做些家務事。」宇淘同意不再玩麻將了，艾莉也開始努力與宇淘交流，宇淘休假不再出去，主動幫做家務事，這些都讓女兒看在眼裡，終於對爸爸也「寬容」一些了。

家務勞動是導致夫妻衝突的原因之一。丈夫應理解妻子，共同分擔家務勞動，不要讓妻子過度被家務拖累而身心俱疲。家庭成員從事適量的家務勞動，對於維持正常家庭生活，保證正常學習與工作，都是十分必要的。

愛的提示：

愛情和婚姻從未崇高到可以擺脫日常生活的瑣碎與繁雜。

懂得生活的情趣

常聽到這樣一句話：「男人不壞，女人不愛」。到底什麼樣的男人才是「壞男人」？「壞男人」具有那些特點？什麼才是「壞」？在戀愛中總打敗仗的老實男人又該向「壞男人」學點什麼？

我們要澄清對「壞男人」的誤解。「壞男人」不是說這個男人有多壞，壞到要打人，要殺人，要找情婦。我們說的是男人要有情趣，具有幽默本領。就拿跳舞來說，一位衣冠楚楚的男子走向一位女士說：「小姐，請妳跳舞。」女孩擺擺手說：「我累了，想休息一會。」另一位「壞男人」上前邀請說：「我斗膽冒著再被拒絕的風險來請妳，給我點面子吧！」女孩說：「我眞的不會。」「是嗎？但妳會走路吧？」「當然。」「好，讓我們在音樂中散散步吧。」他成功了。

「壞男人」行爲舉止瀟灑。曾見過一男一女邊吃糖葫蘆邊走，也許女孩此時要表達某種感情，非要讓男孩吃一口，面對滿街的眼睛，男的想推辭，但女的仍執意，男的還是吃了。然後兩位開懷大笑地環顧左右，發現有不少眼睛在盯他們。不被某種舊有的道德規範所約束，敢想敢爲，此乃瀟灑。

「壞男人」示愛坦率直露。女人在內心深處都渴望被人珍愛，你主動示愛，即便不成功，這份眞情溫暖也會使女子感激不忘，只要你是認眞的，她絕不會嘲笑你。有些人對心上人的愛戀可謂「冰凍三尺」，但很多時候心上人卻被那些「壞男人」打動了。那些「壞男人」強勢求愛，正是女人潛意識中渴求企盼的羅曼蒂克。

「壞男人」具有浪漫情懷和人情味。在天寒地凍的時候，很多好男人在公車站牌下同女友、妻子等車。而一些「壞男人」爲了不讓自己的女伴受凍，就豁出去掏大錢叫計程車，偶爾也奢侈一把，這種重視和愛護女伴的行爲讓人倍受感動。不少女孩可能會說：「這太貴了，還是乘公車吧。」但她們的內心是多麼溫暖和幸福。有時候女友可能會問：「萬一我們的父母不同意，你敢和我以身殉情嗎？」「不妥吧，我還愛惜生命呢！」一般的男人都會這樣說。但如果換了「壞男人」，一定會滿足女孩心裡的那份需求說：「我敢，只要能和妳在一起。」女孩對愛情故事的虛構總是要驚天地，泣鬼神，纏綿悱惻，永恒專一的。每個女孩在心靈深處都把自己看成是獨一無二的「白雪公主」，絕不能輕率委身於人。她們都希望男友爲自己愛美人不愛江山，或有不惜一切代價甚至犧牲生命的「俠義」壯舉。

「壞男人」會製造生活情趣。過煩了大都市生活，換換口味一起去海灘游泳，一起騎上輕騎去港口垂釣，一起去鄉間郊遊，或者一塊去豪華影院過過戲癮，或者當「一夜貴族」破費點去飯店度過一個快活的聖誕之夜，或者去搭雲霄飛車體驗一下小女孩的依賴，而他也能出色地擔當起男子漢的角色。

「壞男人」的調侃方式常能撩起女孩高傲背後本能的「潛意識」，讓女孩和他迅速縮短心理和空間距離，製造輕鬆氛圍。只是「壞男人」的一些做法稍有出格或不合傳統規範。其實，「壞男人」常常成功的眞正原因是他的行爲破壞了女性或人類自己設置的「矯飾」，使女孩更瀟灑、更快樂、更超脫、更隨心，所以他能得到女孩的垂青。而男人老實得毫無情趣，恐怕就得不到女孩的青睞了。

家輝那時第一次對女孩子動心。她叫方方，長得很清秀，性格活潑開朗，人緣很好。家輝想方設法接近她，偷偷地幫助她、關心她。當她工作很累時，家輝會替她完成餘下的工作；當她身體不舒服時，會買她願吃的水果悄悄放在她的桌上……對這一切她很感激，常常邀家輝去看電影、壓馬路，說是對他平日幫助的回報。她常對朋友說，家輝這人很厚道，跟他在一起有安全感。雖然家輝從未對她表白，卻相信她肯定明白。

然而，事情並沒有家輝想的那樣好。過了一段時間後，方方不再和他一起出去了，並有意迴避他的幫助和關心。家輝感到納悶，不知自己做錯了什麼。終於，家輝鼓起勇氣去了方方宿舍，同宿舍的女孩說方方與她男朋友出去了。家輝心裡一震：她怎麼能這樣對我？一面與我交往，一面卻又交男朋友，這太不負責任了！那個女孩見家輝愣愣地站在那裡，就說：「這不能怪方方，你說你對她表示過什麼？你根本不知道怎麼追女孩子，光厚道、老實有什麼用？在一起連句好聽的話都不會說，怎麼贏得女孩子的心？」

家輝像一隻受傷的鳥在宿舍裡躺了整整一天，發誓再也不見方方。朋友得知後，都笑家輝太傻，他們告訴家輝：「沒聽說男人不壞女人不愛嗎？追女孩子不能太保守、老實，要主動、大膽加花言巧語，連帶耍花招、使心眼，將女孩子哄得暈頭轉向，不知不覺就倒在你的懷中了。」「那不是騙人嗎？」「唉，這叫討女孩子歡心，如果就像你那樣話不會說一句，手不敢拉一下，女孩子不跟別人跑才怪呢！」

半年後，家輝對一個叫青娟的女孩子產生好感，朋友們鼓勵他大膽走近她。家輝記取上次失敗的教訓，鼓足勇氣向她坦露了心跡，她答應交往一段時間，相互瞭解一下再說。家輝的朋友們組成智囊團為他出謀劃策，甚至教他打扮得酷一點等等。可這些策略家輝根本做不到。朋友恨恨地說他就是打光棍的命，發誓不再管。三個月後青娟離他而去，理由是跟他在一起很沒意思。

家輝傷心極了，覺得自己是被愛遺忘的人，空懷著一顆正直忠誠的心卻沒有人愛。他感到從未有過的孤寂和心灰意冷，常常一個人去喝酒、跳舞到深夜。看著身邊的男孩子都有女朋友相隨，尤其是那些油腔滑調的人身邊總不乏女孩子相伴，他悲哀地想：「難道我只有變壞才能贏得女孩子的愛嗎？」他從內心討厭做那種人，他不會放縱自己去學油滑、散漫、晃晃蕩蕩、缺乏責任感……他就想不通女孩子怎能喜歡這樣的人？

女人大多希望被男人寵著、護著，不斷給自己製造快樂。戀愛中的女孩子大多喜歡花前月下、浪漫纏綿，希望自己的戀人溫柔多情、善解人意，把自己放在最重要的位置。那些被人們斥爲油腔滑調的「壞」男人往往善於迎合女性的心理，懂得投其所好討好女孩子，那些在人們看來正經、正派的男人往往慢半拍，讓女孩失望，所以成了家輝這樣悲劇型的男人。

年輕的男孩要好好利用精力充沛的大好時光多學點知識和技術，培養自己多方面的能力，這不僅可以提高自己今後的生存能力，而且可以幫助獲得更美好的愛情。當你漸趨成熟，具備了一個男子漢成熟的魅力；當你擁有知識、能力和對事物獨到的見解，你會眞正懂得愛情，也會在追求愛情的過程中懂得如何恰如其分地表達自己的愛。要有明確的生活目標和進取心，在積極奮鬥中一步步走向愛情。

你會發現那些沈浸於浪漫和纏綿中的女孩子在激情冷卻後，往往並不選擇那種只知道圍著自己轉的男人做爲自己的終生伴侶。因爲他們之間缺少愛情成長的泥土和養份。愛情要靠眞誠、正直、剛毅、博學、敬業、能力等優異的品質來獲得，那種花言巧語、設計花招換來的愛情一般不長久。所以「男人不壞女人不愛」是說，男人不僅要有優秀的品質、能力和內在魅力，還要多一些情趣，多些甜言蜜語。而僅有甜言蜜語、投其所好是不可能贏得長久愛情的。

正派的男人在追求女孩子時，除了用人品、能力和男性魅力征服她，不妨學點接近異性、追求異性的技巧。根據對方的心理需求，調整自己的狀態，做一個有情趣的男人。這樣做會縮短愛情果實成熟的時間，使女孩子更欣賞你。

愛的提示：

在愛情進行中，男性比女性更需要學習如何營造情調。

男人也要細心

每個男人都渴望著自己的事業，自己的愛情！事業是努力的結果，而愛情單單靠努力是遠遠不夠的。女人要的愛是很細膩的，她們最期待的是一個心愛的人無微不至的關懷！

男人因爲愛情而變得鬱鬱寡歡，卻常常不知道自己錯在哪裡！鮮花、禮物似乎一樣也不少，可是爲什麼她總是對自己表現得冷漠！他們不知道該做些什麼，也不知道可以挽回些什麼，他們只知道給女人最美的花和最好的禮物，然而很多時候卻深深傷害了她，因爲他忘了給她一顆溫暖的心。

男人爲了事業奔波，認爲這一切都是在爲了愛另一半而努力。他們時常忙到忘記打一通電話回來；而女人守在電話旁，等待著一句貼心話，更多的卻是在品味著寂寞的滋味！但是女人知道，男人總是很累，每天很晚才回來，然後沈沈的睡去，在朝露未散的時刻，又一次匆匆投入了奔波！他們沒有時間停下來聽另一半說說心裡的話，而女人總是等待著，諒解著。

男人也想給女人溫暖，但是他們做錯了，不停的噓寒問暖，不停的問著女孩「怎麼了」，以至讓女人感覺他太不懂女人的心，太嘮叨。其實，男人只要在女孩哭泣的時候遞上一張紙巾，讓女人能靠著一個結實的臂膀，女孩就會滿足！

細心的男人做事認眞，凡事兢兢業業，一絲不苟；細心的男人力求完美，有思想、有智慧；細心的男人會打扮、會生活，他知道在什麼場合應著什麼樣的服裝更能表現自己，假如他需要表現的話；細心的男人在工作上認眞，在生活上也從不馬虎，對愛人更是關懷入微；細心的男人對世事的洞察力也是一流的，他可能是女人肚子裡的一條蛔蟲，連女人在想什麼都知道；細心的男人對家中大小事務也關心，因爲關心家庭等於關心自己所愛的人，從選購房子到晚餐內容，從妻子的衣著打扮到居室的佈置安排，當然也要分擔家務活了。

細心對於正在追求女性的男人實在很重要。不需要太多的言語，只是一個細微的動作，就會讓女人心滿意足，願意爲兩個人的愛守候一生。在女人的眼裡，鮮花和禮物只是愛情的點綴，而男人無微不至的關懷，卻是這世界上眞正獨一無二的愛！

李婷是在學校的畢業晚會上認識志龍的。志龍正唱著《一生有你》，那清純的聲音和略帶點兒憂傷的氣質深深吸引了李婷。一曲結束，李婷主動跑過去找他聊天，竟然驚奇地發現他們有那麼多的相似之處。漸漸地，他們相戀了。李婷還有一年才能畢業，志龍則在一家大公司上班，雖然月薪不多，但他們很快樂。志龍帶著李婷去放風箏、騎腳踏車、吃路邊攤、打電動遊戲，有時薪水不夠用了，就待在他租的小屋裡一杯接一杯地喝茶聊天，聽他講讀書時發生的各種小故事，讀他眉飛色舞的表情，看他孩子般沈沈睡去的樣子，就這樣李婷已經覺得很滿足了。

不知不覺到元旦了，大街上處處洋溢著歡樂的氣氛。學校放假，李婷和同學一起逛了一整天的街，為志龍選了一套西服做禮物，並細心地將標價牌撕掉。志龍是個自尊心很強的人，李婷不想讓他有任何負擔。她給志龍打電話約他上網，說要告訴他一個好消息。剛坐下，志龍就送來一個大大的笑臉：「婷，我們部門每人發了兩萬元年終。」李婷真替他高興，說這是件好事啊，你打算怎麼用它呢？志龍興奮地算計著：「給爸爸買一件毛衣，給媽媽買一個玉鐲，給妹妹買一套文具，然後將剩下的錢全部交給家裡。」李婷靜靜地聽著，心裡一沈：「把我放在哪裡了？」李婷直截了當地告訴他：「我今天跑了一天為你選禮物，現在你資金充足了，是不是也應該有所表示？」那頭沈默了許久：「父母為了供我讀書吃了很多苦，現在我上班了，也是他們喘口氣的時候了。一共才兩萬塊錢，要抽出多少分給妳？我父母從來都沒享過一天福，妳從小就要什麼有什麼，還不夠？我們將來的路還很長，有的是機會。」

李婷的心都涼了，她並不是一個愛虛榮的女孩，如果她真的那麼愛錢，當初也不會選擇跟志龍在一起。她並不是要他買黃金買鑽石，她缺少什麼？她什麼都不缺！一個女孩子，只想擁有一件戀人親自買給她的東西，哪怕是地攤上便宜的戒指！

李婷盯著電腦螢幕上最後那一句像是陌生人說出來的話，冷得渾身發抖，淚突然汩汩湧出……

從志龍愛情失敗的例子可以看出，李婷要的僅僅是男人在心裡有她的位置。志龍當然是愛李婷的，不過他以為兩人很近了，就不再考慮那麼多，結果痛失心上人。

細心對於已婚的男人同樣很重要，在一起這麼久了，雙方都已經很熟悉，雖然沒有了熱戀的心跳感覺，但男人確實比任何人都關心女人，他永遠站在女人身邊，耐心傾聽女人的傾訴；他記得女人提過的朋友名字；他知道女人的心思……這些都無聲地傳達男人對女人的眞心喜愛。生活這麼久了，日子就是這麼一點一點的過，沒有男人的細心照顧，恐怕女人很難面對枯燥無味的生活。

張娜細膩溫婉，特別在意自己內心的感受，而李瑞像大多數男人一樣粗心，大大咧咧的脾性。他們當初是非常相愛的，八年的婚姻還算和諧。

那天因為一件微不足道的小事，他們在電話裡吵架了。張娜當時腦中猛然冒出離婚的念頭。現在的日子，夫妻倆早晨各自吃超商的早餐，再見面就到傍晚，而多數情況是各自還有應酬。回家也通常是李瑞坐在電視前，張娜坐在電腦前，整整一天可以一句話不用說。兩個人每天的生活都以同樣的面貌出現，日復一日沒有任何的驚奇，情感也隨之粗糙起來，甚至還有那種令人不寒而慄的冷漠。

一想到曾經那麼相愛的兩個人真的要分開，張娜心裡不禁悲傷起來。也許還有一些美好的細節能想起來呀，想起那些穿插在他們兩人生活中的細節。

記得有一次李瑞出差去日本，偶然在一家專賣店看到一件咖啡色的大衣，打電話給千里之外的張娜說那種款型正適合她修長的身材。張娜一直想要件那種有腰身的大衣，就說買下吧！張娜依然清楚記得買大衣的過程中，李瑞又打過幾次電話，只是為了問她口袋的樣子、領子的款式是否合適等等。那時，李瑞說一定要讓張娜非常滿意，自己才高興。果然是這樣，那件大衣簡直就是為張娜訂做的。

還有一年的情人節，整整一天李瑞都在忙，等晚上走進公司樓下那家鮮花店才發現玫瑰早已經售完了。張娜電話裡說既然沒有就算了，她不在乎。可李瑞在乎，坐車跑了幾家店，終於買到她喜歡的那種大朵玫瑰。

有這麼多溫情的細節讓張娜想起，她又怎麼能把離婚這兩個字說出口呢？張娜禁不住慨歎，想想這些細節倒覺得這樣的男人難找呢！

看看，如果不是李瑞平日裡的細心關愛，張娜早已厭倦了枯燥的生活。男人們，行動起來，細心點，耐心點，爲枯燥的生活添枝加葉，爲心愛的人、爲家庭創造豐富多彩的生活。

細心不是天生的。因爲愛她，所以懂得爲她考慮；爲她想得多了，於是心便細了起來。

女人最迷戀的還是那份發自內心的細心呵護和關懷。愛一個人是一生的約定，深深烙在兩個人的心裡，只要平日一句貼心的話，就可以喚醒那沈睡的誓言，不要讓時間和忙碌沖淡了一切，那激情燃燒的歲月，是愛最眞最純的瞬間！

愛的提示：

細心呵護才能讓花朵綻放，愛情也一樣。

男人需要「充實」

人生活在世上，要過兩種生活：感情生活，物質生活。女人選男人，無一不是從這兩方面考慮。有的男人可以給女人愛情，但給不了物質；有的男人可以給女人物質，但給了不愛情。

女人對男人的評價逃不過這兩方面，要麼講感情，要麼圖物質。如果兩難取捨，聰明的女人會把男人所具有的經濟條件和給予女人的感情作一個綜合評估。哪個男人所具有的綜合評分最高，女人就會選擇哪個。所以男人想娶女人，可以先給自己打分數，看自己的得分高不高，就可以判斷是否可以娶了。

一個窮女人可能會把物質看得重些，有財的男人自然得分就高；一個不缺錢的女人則會追求感情，有才的男人就會入其法眼。其實社會很現實，我身邊的女人就有公開喊要找「成功男人」的，對窮男人根本不會正眼瞧上一眼。大部分女人會選擇有一定物質基礎的男人，可以過小康生活，但又不會太有錢，因爲有錢的男人大多會學壞。現代人不可能不講感情，有錢又有感情基礎，無論是感情還是婚姻都會更牢固。

最難的就是，女人經常會面對一個男人有點錢，但缺乏點才氣，而另一個男人才氣沖天，但就是無法過富裕的好日子。

因此，請看看你自己是哪種男人，缺少什麼就補什麼吧！

愛的提示：

當愛情還沒來到時，多花些時間豐富你的思想和口袋吧！

男人勿吝嗇

吝嗇是男人的大忌，就算窮也不要做出一副窮樣。有人抱怨女人只愛男人的錢，其實並不一定就是這樣，有的女人喜歡男人爲她花錢，也是爲了證實自己在男人心目中的位置，男人如果喜歡一個女人，一定願意爲她花錢的。

有些男人經常因爲太小氣、太吝嗇而令女友厭煩，甚至導致分手。這種情況在我們的生活中比比皆是。有的男性經濟條件其實挺好，但是和女友在一起從來沒有好好的玩，就是捨不得那點小錢。吃飯從不會去浪漫或是像樣的地方，出差過節什麼的，很少送禮物給女友。吝嗇的男人不光省自己、省家人、省朋友，就是追求女人或戀愛時也不捨得投入絲毫。是鐵公雞還可以用鋼老虎鉗拔，他們是金剛石公雞，任何工具拿他們也是無可奈何。

其實有幾個眞正想談戀愛的女人故意在男人身上佔便宜呢？男人可以不闊綽，但絕不要小氣；男人沒必要打腫臉充胖子，但一定不要雞腸鳥肚。吝嗇的男人就顯得畏首畏尾，縮手縮腳，連人味都沒有，哪裡還有男人味呢？

這種男人在戀愛的時候捨不得血本，女朋友拂袖而去時他還不明白是什麼原因。稍微給別人花兩塊錢彷彿別人就欠了他似的。這種男人一定是這麼想的：這女孩將來是不是我老婆還是個未知數，我要是花錢追她，到時她說聲拜拜，我豈不是人才兩空。對於媒人他便想：你又沒有幫我介紹成功，我如何能送禮感謝你。他越這樣越找不到女朋友，就如同他愈想錢卻愈得不到錢一般。這是同樣的道理：沒有付出，哪有收穫？

小雅是個漂亮的女孩子，遇到了這樣一位吝嗇男人。

那個男人三十左右，收入穩定，是大公司的程式設計師，長得帥帥氣氣，年薪也有上百萬，一下子吸引了小雅的目光。

一經交往，才發現這個先生是那種吝嗇鬼。他帶在身上的錢從來不超過一千「大關」，美其名曰怕被盜，但他身上也從來不帶信用卡或現金卡，原因是他根本沒有任何卡，他只有一本存摺，但從不帶在身上。他第一次約小雅去看電影，到了售票口卻臨時改變主意，說電影票太貴，還是買光碟看，可以隨時翻出來重溫。他租的小套房只有一部十八吋的電視和一台二手DVD，看片時，可憐的小雅又找回了遙遠童年時看錄影帶的感覺。房間洗臉台的水龍頭壞了，他一直未修理。他關掉總水閥，但水閥年久失修，關上後寶貴的水依舊一滴滴向下滲。他用一個塑膠桶接著這些水滴，晚上接一桶，早上洗臉刷牙，白天接一桶，晚上正好沖洗身子。哇，好像小時候鄰家的阿婆。

但他被小雅的美色吸引，可能也面臨著找人結婚的壓力，因此他不惜忍痛出血，他三番五次請小雅吃飯。小雅點菜時，他心驚膽顫的表情和他埋單時的痛苦神情令小雅啼笑皆非。他又極力請小雅去逛街，並一再要求小雅選一套衣服，小雅選了一套八百多元的服裝，自己還添了三百多元，後來吃飯坐車也是小雅自掏腰包，因為小雅忘記了他只帶一千元現金的習慣。

後來小雅果斷地下了決心，與他斷絕一切來往。他的吝嗇深入骨髓，小雅難以忍受。吝嗇的男人無論其外表如何英俊瀟灑，因為對金錢愛惜有加，一付出便如割心頭肉般，即使他留給別人再好的印象也在剎那間土崩瓦解。

吝嗇與節儉有極大的區別。節儉的男人不該花的錢不浪費，但該花的錢便毫不猶豫；吝嗇男人將存摺上的數字作爲自已畢生的追求目標，每花掉一分錢便要心痛一次。

有些吝嗇男人對自己及親人大方，對別人小氣。這種男人心裡抱著親戚是自己人，同事朋友是外人的想法待人接物。自己吃香喝辣，到處享樂，跟別人吹噓自己如何的闊綽。一旦同事開玩笑要他請客，他便裝做沒聽見或是顧左右而言他；若問他借錢，那眞是磨破了嘴皮子也別想從他那兒撈出一個子兒。

這樣的男人在身邊好像不乏其人。朋友有一位同學，年紀老大不小了還沒找到女朋友，便央其介紹。朋友古道熱腸，介紹了一個又一個。那男同學不僅捨不得請女孩子進像樣的飯店，更捨不得請看電影、逛公園，戀情一次又一次破滅，一次次來請朋友介紹。來的時候兩手空空，吃完飯便走，有時在路上碰到朋友四歲的女兒，即使手裡提了一大袋水果也絕不肯施捨一個。朋友最終也火大了，直道：「這樣小氣的男人，還是讓他去做光棍好了，免得害了哪個女孩子。」

有些男人不僅對別人吝嗇，對自己也小氣。雖然不是大富大貴，但也殷實小康，卻天天對外人嚷著自己窮，買房負債多少啦，買車負債多少啦，因此朋友同事一起吃飯玩耍時，便可以理直氣壯的不買單。平時不需要馬上用的東西堅決不買，華而不實的東西更是看也不看一眼，因此生活中只有精打細算，沒有一點浪漫情調。做這種男人的老婆自然是萬分辛苦。吝嗇的男人必定是家庭財政大權的牢牢掌握者，妻子問他要錢買東西也要千辛萬苦地說服他。若是妻子哪天自作主張買回個奢侈品（在他看來），那麼天下就要大亂，男人將爲這件小事不斷地指責女人如何浪費。他自己當然是「以身作則」，更捨不得亂花錢。

女人小氣還情有可原，男人一旦吝嗇起來便失去了男子漢應有的風度與豪爽。我時常想，爲什麼許多年輕漂亮的女子能被其貌不揚的大老闆所吸引，她們也許是貪圖榮華富貴，但不能否認大老闆買單時那眼睛都不眨一下的豪情，將一大筆錢甩出來時的瀟灑，也是讓其心動的原因。不難想像，一個心不甘情不願、舔著手指數鈔票的男人，又能博得幾個女人的喜愛。

除了愛情失敗，不願買單的吝嗇男人也沒有長久朋友；論事業，誰又肯將好機會讓給那些一毛不拔的人。吝嗇的男人是沒有前途的。男人們，千萬別做吝嗇男啊！

愛的提示：

做任何事都需要錢，追求愛情也不例外。

不被金錢所左右

「男人有錢就變壞」，是這樣的故事：夫妻二人共同努力與經營，終於闖出了事業，把家建立起來，把子女拉拔大。在這個過程裡，無論多麼艱苦，誰都不抱怨，彼此尊重，互讓互諒，相親相愛。但當家庭有了一定的財富，物質越來越豐盛時，一些缺乏教養的男人便上演著家裡「紅旗不倒」，外頭「彩旗飄飄」的鬧劇。

女人們不明白，到底是錢在作祟，還是男人的品質本身就不好。誰都知道錢的魔力，但說它能讓人變壞是太高估它了，其實沒錢的男人一樣可以壞，有錢就變壞的大多是缺乏教養和品行不端的人，這些人稍有積蓄就大肆揮霍。但有自尊心、品格高尚的人，他們也不一定有錢就變壞，所以錢不是使男人變壞的根本原因。男人的好與壞決定於品行與教養，錢只是發揮催化作用。男人有錢就變壞，這一說法非常片面。沒有錢也可以變壞，這和每一個人的教育、生活環境、思想意識、自身修養是有很大關係的。當然，有錢人可以在這些方面更方便些，但不是絕對的。有很多有錢人努力做公益事業，所以「變壞」與「有錢」不是一一對應的關係。

有一位成功男士這樣說：在我眼中，我的另一半始終是世界上我最愛的人。我最欣賞她的無私胸懷和平常心態。我成功以後，更加覺得感情的珍貴。男人可以做到「愛江山也愛美人」，比如像一些社交活動，帶另一半出席不就「熊掌與魚兼得」了嗎？男人有錢就變壞，女人往往也有責任。有一個好太太，男人可能就不會變壞了。

士昆的太太比他大兩歲。談戀愛的時候，他們相處得不錯，她很欣賞士昆。士昆在跟她相處的時候，看中的只有一點，就是她的良心。結婚三十年，沒有吵過架。士昆說吃水不忘挖井人，他有今天，是太太造就了他。他太太的歷史可比他輝煌多了，她是為了士昆才放棄當千金大小姐，跟著他吃苦。這麼多年，士昆單獨出差不超過五次，每次都是和太太一起去的。結婚以來，可以說，從內褲到外衣都是太太給他選的。在企業裡，士昆的秘書都是男的，太太的秘書都是女的。

俊傑八〇年代前期開始從商，在那以前，俊傑是正經八百的知識份子，大學講師。他的老婆是個非常普通的女人，就是特別柔情，和她在一起，男人的心也不由得變柔軟。為了讓老婆過好日子，他毅然投入商海。這些年裡，俊傑事業有成，但他一點也沒「變」。或許做人和過去有了些不同，在商言商嘛，但身為男人，俊傑依然只愛妻子，從不和其他女人攪和。

對於大多數沒有膽量去作奸犯科的男人來說，錢的確是一種可以讓人變壞的重要條件。古人都知道「飽暖思淫欲」，你還先得飽暖了才行。骨子裡那些沒錢時只敢想想的事現在可以放膽去幹了，這就氣壞了沒錢的男人，真是讓人恨得牙癢，這些欲壞無門的人呀，眼睜睜看著那些有錢男人壞得逍遙自在。

對於大多數沒有膽量去作奸犯科的男人來說，沒錢就沒有機會和年輕漂亮的女秘書搞曖昧，上賭場一擲千金，回家去看一看灰頭灰腦的黃臉婆，日子就這樣將就著過吧！可是又怎能不想錢想得心慌呢？這年頭，錢已經成了一個男人性感和可愛的全部，它幾乎成了男人風度、氣質、才華的總和。一個男人要是連錢也沒有的話，那他就失去了可愛的基礎。

「江山易改本性難移」，人沒那麼容易改變自己，不管有錢沒錢，你是誰還是誰。「男人有錢就變壞」，曾有一段時間，軍明聽到這句話時還分辯幾句，可後來卻成了「越描越黑」。

「我有錢，可我自認為並不壞。」軍明說，自己一不賭，二不嫖，三不騙，四不搶，何壞之有？喝喝酒、唱唱歌就叫壞了？軍明說，也難怪有些人看不慣有錢人一擲千金的生活，畢竟，這個社會窮人還太多，人窮志短，窮人犯法好像是應該的事，有時甚至還會得到同情；富人伏法，大家卻感覺大快人心。其實，窮人裡面也有壞蛋，富人裡面也大有好人。

軍明結過婚，當時兩個人感情還可以。後來公司太忙，有時就不回家，妻子接受不了軍明常不回家，就經常大吵大鬧。一開始他都忍著，邊道歉邊解釋。妻子並不接受，甚至說出「你有幾個臭錢，就了不起了！」聽到這句話，軍明感覺受到傷害。自己有錢怎麼了？有罪嗎？

後來，妻子總拿這句話揶揄他，軍明終於忍無可忍，和妻子離了婚。軍明和妻子的離婚遭來一波接一波的非議。這都是錢惹的禍。

富有不是罪過，有錢也不是罪，關鍵是自我調整好心態，只要自己不違法亂紀，不做虧心事，就能睡個好覺。

男人有錢就變壞，頂多不過是男人有了錢，就有可以使壞的資本。其實，要想壞，沒錢的男人一樣可以壞，他可以去強姦、去搶劫，那他就壞得更觸目驚心了。窮人裡有許多人壞得讓人頭皮發麻。而有錢人也照樣有人口碑甚佳。據此看來，男人有錢就變壞的眞理要大大打折扣。

愛的提示：

金錢常常能左右愛情，但未必能決定愛情。

第五篇

愛於己

愛屋及烏

有人說沒有麵包的愛情終究會夭折。我說，說這話的人不懂什麼是愛情。從前戀愛時，我很反感別人說女方這條件好、那條件好。我說不管你什麼出身，什麼學歷，什麼地位，如果我愛你，你擦皮鞋甚至做乞丐我也無所謂。別人說我幼稚，沒有錢怎麼過日子？我說有錢沒愛過的是什麼日子？和自己愛的人在一起，喝水吃酸菜我也高興。這就叫做愛屋及烏。

愛屋及烏，本是一個成語，出自《尚書》，比喻因喜愛某些人，而連帶喜歡與他有關的人或物。相傳，周武王在攻克商朝都城進歌後，問軍師姜太公：「如何處置紂王遺留下來的人？」姜太公說：「我聽說如果你喜歡一個人，就連他屋頂上的烏鴉也要喜歡；如果不喜歡一個人，也不會喜歡他的隨從。紂王作惡多端，你應把他的那些部下斬盡殺絕。」周武王沒有採納姜太公的主張，而是根據周公的建議，讓那些人回家種田謀生去了。現在被人們用來形容喜歡一個人，就會喜歡他的全部，包括他的缺點。

人無完人，金無足赤，沒有缺點的人是不存在的，是人就會有缺點，只是缺點的不同罷了。只要你喜歡他的優點，那麼缺點肯定也應附帶地喜歡，至少可以寬容他的缺點。否則，你很難找到一個只有優點而沒有缺點的人來愛。

愛一個人，就要愛他的全部。在你的眼裡，對方的缺點也會變得非常渺小，甚至把他點綴變得更加可愛。

女性對待愛情的態度在結婚以後會有一些變化，不自覺的表現出要制服丈夫，而不是尊重丈夫。新婚夫妻甜蜜的同時總是避免不了許多爭吵，焦點還是在於「誰說了算」。小關夫婦剛剛結婚半年多，卻爲一些小事吵得不可開交。他們都是受過高等教育的知識份子，平時溫文爾雅，可是在家裡吵起架來卻是另一張面孔，爲了什麼呢？就是爲了爭奪家庭中的「主導權」！丈夫以前自由自在慣了，東西隨手亂放，不太注意小節，妻子就不能容忍，一定要改造他。他一回來盯著他，一會兒嫌他碗沒洗乾淨，一會兒嫌亂丟襪子，越來越愛嘮叨。丈夫覺得家就是放鬆的地方，結果比在辦公室還緊張，他越來越不愛回家，妻子的抱怨就越來越多，形成惡性循環。其實妻子做了很多家務事，但功勞很快就被嘮叨給抵消了，丈夫不感激反而很反感。事實上，愛一個人就應該包容對方的小缺點，不要抓小放了大。

英語中的「愛屋及烏」是「Love me ，love my dog!」雖然我們不能望文生義，將之翻譯為「愛我就要愛我的狗」，但確實能形像地表達出愛屋及烏的內涵。

愛一個人，就應該愛他的狗啊、貓啊、家人、親朋好友等，一句話，愛他就應愛上他的全部，不應吹毛求疵，有選擇地去愛。如果是為了對方的顯赫地位而「愛」上對方，那麼有一天對方變成平凡人後你就會棄他而去，至少覺得對方沒有你當初想的那麼可愛；如果是因為對方的腰包而「愛」上對方，那麼有一天對方一無所有時，你就會絕望到極點；如果你僅僅因為對方長得漂亮而「愛」上對方，那麼隨著時光的流逝，對方美貌不再時，你也一定會大失所望；如果……

看看阿麗的遭遇之後，相信你會有所啓發。

阿麗是一家大型集團公司的職員，天生麗質，收入頗豐。她在人生過程中幾乎沒有遇到過什麼挫折，從小出生在一個殷實之家，後來順利考入了一流大學。唯一令阿麗感到不順的，是她沒有談過戀愛。憑阿麗這麼好的條件怎麼會沒有男孩子追呢？阿麗的周圍從來不缺乏追求者，但阿麗比較愛虛榮，羨慕過「貴夫人」的生活，因此她至今不知愛情是何滋味。阿麗也不是不想談戀愛，但她有自己的堅持，寧缺勿濫，一定要等到自己的白馬王子出現。

皇天不負有心人，「鑽石王老五」阿文進入了阿麗的視線。阿文年薪上千萬，開的是高級豪華轎車，別墅就有三處。阿文也對阿麗產生了好感，因為阿文沒有上過大學，暗下決心一定要找個大學生做女朋友，而阿麗各方面條件都不錯。阿麗也暗自慶幸，感謝上天賜給自己一個稱心如意的郎君。在這種各取所需的組合中，他們很快就墜入了愛河，並且結了婚。阿麗憧憬著自己婚後的「貴夫人」生活，阿文在婚後一開始也著實給阿麗許多物質方面的滿足。可好景不長，阿麗發現阿文晚上經常不回家，每當阿麗問原因時，就藉口說「工作忙，應酬多」搪塞過去。開始阿麗寧願相信他的話，不願意打破目前的美滿生活。可後來阿麗發現阿文經常在外面亂搞，還包養了兩個情婦。更讓她不能接受的是阿文迷上了賭博，經常去澳門豪賭，結果輸得一無所有。現在阿文已經一文不名了，阿麗也不得不搬出已經賣給人的別墅。阿麗此時後悔不已，為什麼自己那麼愛虛榮？有錢未必能給自己帶來幸福啊！

阿麗的遭遇給那些夢想過「貴夫人」生活的女性提示了一個現實：金錢雖然對於幸福很重要，但絕不是最重要的。金錢不是萬能，只有找到一個情投意合的愛人才會擁有幸福的生活。

愛屋及烏，一個人如果眞的愛你，會愛你的一切，包括你的壞習慣、你的朋友、你的家人……如果他不能忍受你的朋友、家人某些方面的不足，或對你身邊的人有所不滿，那麼做爲一個聰明人，應當儘量避免讓他與他們見面；如果他苛求你與他們斷絕來往，不用猶豫，甩了他吧！

愛一個人的感覺就是愛屋及烏。愛上一個人就愛他的一切、他的父母、鄰居、大朋友小朋友，愛他就是包容他的所有。

愛的提示：

愛一個人包括愛他的生活、愛他的一切，否則愛情可能會被固有的生活摧毀。

就愛現在

從前失戀時，我都會恨她，恨她爲什麼這麼薄情寡義，聽到有關她不好的消息，我都會幸災樂禍；現在不了，即使失去她，我也會祝福她，衷心希望她能過得很好。她過得不好我會很難過。愛一個人就不要太計較過去，此乃是愛情中一大準則。

電影《大話西遊》中有一段關於愛情的經典對白：「曾經有一段眞摯的愛情擺在我面前，我沒有珍惜，現在我後悔莫及。假如上帝再給我一次重新選擇的機會，我會毫不猶豫的對那個女孩說三個字——我愛妳。如果非要給它加個期限的話，我希望是一萬年。」我想，許多戀愛中的男女都曾經上演過這段經典對白。但我想問一個問題：「人能活一萬年嗎？」愛一個人能有多久，我不知道，但我知道愛一個人不能比自己的生命更長久。事實上，我們甚至連一百年的愛都無法給予對方，我們最多可以愛對方一輩子。

我們應該祝福每一個在我們生命裡出現過的人，甚至是與我們擦身而過的人。每個人都是我們生命中的顏色，我們不應該嫉恨任何人。其實，愛過了，記憶裡剩下的就應該只有幸福，一切經過時間洗禮的記憶，應該變成美的。放愛一條生路，不要太計較過去的點點滴滴，不要因爲過去的付出而感到憤憤不平。不要讓他在你的心中失了顏色。

去問問男人，薛寶釵和林黛玉他們會選哪一個，男人哪有精力來向你一一交待這個女人那個女人都只是純潔友誼？不要太計較對方的過去，幹嘛非要把他的陳年黃曆都翻出來？過去不可能是一張白紙，同時自己也不要把過去一五一十的交待清楚，特別是被人拋棄之類的事情提都不要提，否則有可能給對方留下心理上的陰影，即使是雙方很眞誠的溝通。

談戀愛的時候，大多數人都會給對方許多承諾，諸如「我永遠愛你」之類的話。我們一般不用懷疑說這些話的人是否眞誠，只是我們生活在一個不斷變化的世界裡，今天的海誓山盟可能無法經受明天的考驗，但我們至少可以享受我們今天眞誠的、快樂的愛情。同樣的道理，我們也不能計較過去，不管對方以後如何，你們曾經的愛情是甜蜜的、眞誠的。不要因爲對方提出分手就懷恨他，也不要因爲自己提出分手而自責。正確的做法就是彼此祝福對方擁有一個幸福的未來，正如一首歌裡唱的那樣，「只要你過得比我好」。這樣的愛情才是眞正的愛，超越了狹隘的愛憎。

這裡有一個耐人尋味的小故事。

阿秀和阿貴是青梅竹馬，兩小無猜。兩人從小學、初中、高中一直到大學都是同班同學。他們也説不清楚是從何時開始走在一起的，因為兩人從來不認為這是一個問題。

兩個人大學畢業以後都有了工作，收入不錯，成為許多同學羨慕的對象。光陰似箭，日月如梭，轉眼間他們發現自己已經到了談婚論嫁的年齡，雙方也在甜蜜的籌劃著結婚所要添置的嫁妝等。阿秀提出了一件事，就是未來如何給小孩起名，雙方竟為此爭吵不已。阿秀一直仰慕台大，希望孩子將來進台大就學，想給孩子起名「台大」；而阿貴從小就視清華為自己的夢想，自然希望下一代能進入清華念書，因此想給孩子起名叫「清華」。雙方誰也不肯妥協，最終竟然為此分手了。儘管許多人都為他們惋惜，但他們自己卻不這麼認為。他們覺得連給孩子起名字這種小事都無法妥協，將來肯定無法和諧的生活。是啊，這確實是一般人的邏輯。

雙方分手時都在心裡暗自懷恨對方。許多年過去了，阿秀和阿貴也都擁有了自己的事業和家庭。一次同學聚會上，阿貴帶著他的兒子一起赴宴，席間阿秀問阿貴兒子的名字。阿貴告訴她，他兒子叫「台大」，並且希望他能進台大，說台大比清華好。阿秀聽了之後百感交集，淚如雨下。當初他們就是因為這個而分手，否則他們應該是完美的一對啊。阿貴接著說：「我真後悔當初和妳爭執，台大也是不錯的。我並不會懷恨妳，因為我一直認為我們曾經的愛情是天下無雙。」直到此時，阿秀才終於明白阿貴這麼多年並沒有計較過去，而自己卻還是那麼小心眼。

是啊，像阿貴這種不計較過去的人越來越少了。一般人一旦分手就老死不相往來，這種狹隘的愛情不是眞正的愛情，因爲眞正的愛情應該是寬容的，不會因爲分手而懷恨對方。擁有過眞正愛情的人會有這樣一種體會，雖然雙方由於種種原因分手了，但一旦知道對方有困難，還是會爲對方牽掛，如果有可能的話，還是會像以往一樣傾力幫助。

每個人都有這樣那樣的過去，因爲一個沒有一點過去的人是不存在的。每個人或多或少總是會有那麼一些故事，有那麼一些傷痛是無法治癒的。愛是自私的，是想要獨佔一個人的全部，但同時愛也是無限的包容、忍讓自己所愛的人。用你的愛去化解你愛的人心中那個傷痕，才是最好的方法。不要太計較過去了，因為你們還有未來。關鍵是現在愛的人是不是一心一意對你，你不能選擇自己是他的第一個，但可以選擇是不是最後一個！因此我們不必太計較過去，只要今天的愛情是真摯的、快樂的，好好去珍惜就行了。

不過要提醒戀愛中的女性朋友，不去計較他以前有過多少女朋友，不等於不關心他以前的情人會不會給你們日後的婚姻生活帶來陰影！每個人都有戀愛史，如果過去的人和事讓它永遠過去，不再留戀舊人舊事，那麼妳就不用緊張！

愛的提示：

不要總糾纏於愛情的過去，要把精力集中到現在和將來。

讓愛成為鏡子

要獲得一份眞正的愛情，必定要學會觀察。觀察就是用眼、耳、鼻等感覺器官對他的一切做由淺入深的調查瞭解。如仔細觀察他的談吐、著裝及寫字，再經過大腦的加工思考，才能對他的綜合情況有一個較爲徹底的瞭解，從而決定是否與對方交往，甚至走入結婚的殿堂。

觀察要有明確目的，心中有數，才能把注意力集中到目標，而暫時不理會次要。比如畫一個人，要先描繪出他的主要特徵，重點是觀察他的眼睛和面部表情特點，至於手腳可以少看或不看。我們一般可以透過觀察一個人的談吐、著裝及寫字，知道其內涵和修養。因爲談吐表現一個人的學識和修養，著裝表現一個人的品味，寫字可以看出其性格，正所謂字如其人。

觀察還要有耐心。一個人很難一眼就看透、看全。白菜籽發芽要三天，孵小雞要二十一天，如果只觀察兩天，無法從根本上認清他的本質。

中國古代有個叫厲歸眞的畫家，他畫的虎形態逼眞，人人叫好。原來，他爲了畫虎，帶了乾糧和繪畫工具，在老虎經常出沒的地方搭棚子，白天在棚子裡睡覺，等到太陽落山，老虎出現時，他早已在一棵大樹上全神貫注地觀察了。他把老虎站、坐、臥、跳、捕食和發怒的動作神態一一描繪下來。時間一長，畫面上各種姿態的老虎就「活」起來了。

作畫需要觀察，談戀愛、找對象同樣需要觀察。學會觀察是很重要的。具體應從以下幾方面著手。

一、從談吐上觀察對方

高爾基說：「語言是人們思想感情的衣裳。」語言是心聲的吐露，是展現風度的重要窗口。因此，我們可以從對方的談吐中看出一個人的氣質、教育背景、修養等。

男性言談豪邁，可以表明一個男人的陽剛之美，不過需要注意對方是否是個粗心大意的人。如果是詼諧幽默，則顯示出風趣的形像。男性談吐一般以果斷、深沈、豪邁等特點有別於女性語言。因此如果一個男子談吐不具備這些特點，那麼這個男子可能是一個優柔寡斷、心胸狹窄的人。

男性的談吐應是豐富而多變化。俄國大詩人普希金用詩的語言來描述歐根・奧涅金語言的魅力：「他有滔滔不絕的口才，對任何話題都應付自如。每當重大的爭辯，他會面帶一種老練的、學者的肅穆，卻突然俏皮地說句冷嘲，使夫人和小姐抿嘴而笑。」因此如果你觀察到對方的談吐豐富而富有變化，那說明對方比較幹練，思想比較豐富，否則很難做到這一點。

女人們常把具有語言魅力的男子，稱爲熱情的演說家。他們能用趣味橫生的故事和令人吃驚的消息來顯示自己的見多識廣，並常常給異性留下極其深刻的印象。女人幾乎都喜歡巧於辭令和博學多才的男人。但是從談吐中並不能完全看出對方的性格和內涵，需要結合其他方面綜合判斷。

這裡給男性朋友一個提醒：男性語言應像海一樣寬厚，河一樣深沈，山一樣充滿力度。果斷、堅定、深沈、智慧、幽默，是男性獲取風度不可缺少的秘密武器。男性要使自己的語言具有風度，一忌嚴肅過度，不苟言笑，一切都當眞；二忌阿諛奉承，表現出造作的高興和虛有其表；三忌自我吹噓，急於表露自己，過於自信，自吹自擂，狂妄驕傲；四忌粗話髒話，語言不美，粗魯無禮，沒有涵養。

「一個女人只有透過一種方式才能是美麗的，但是她可以透過十萬種方式使自己變得可愛。」法國哲學家孟德斯鳩這樣說。女性透過談吐就可以使自己變得可愛。

古代埃及豔后克莉奧佩特拉爲什麼會令叱吒風雲的英雄安東尼與凱撒爲之傾倒？與她同時代的普魯塔克寫過；「她的美貌，據人們說，本身倒也不是那麼出衆，並非無人可比，也不是誰見了都會驚爲天仙，可是她的話語裡自有一種令人無法抵禦的魅力；她無論出現在何處，說話總那麼娓娓動聽，她有一種風度，不知怎麼總能主導全局，這二者加在一起，便有一種難以描摹的魔力……」

一般說來，富於風韻的女性語言應是溫柔而不顯造作，誠懇大方而有所節制，巧妙機靈而絕不輕浮尖刻，親切細膩而不羅囉嗦嗦，嬌羞而不致扭扭捏捏，莊重而不致冷若冰霜。女性的語言，以理解見長，她會經常爲對方考慮，從對方的立場出發，往往是一句千金，打動人心。如果你觀察到這一點，可以初步判斷對方是一個善解人意的女子。

女性的語言，能比音樂更風情。對每一位女性來說，修飾語言往往比修飾外表更重要。談吐高雅、溫柔，就會贏得異性的青睞。女性談吐可以反映她的內在修養。

要提醒女性朋友，談吐時注意以下四點：一忌尖酸刻薄。尖刻的人容易使男人認爲妳不夠溫柔。二忌喋喋不休。女性易婆婆媽媽，囉囉嗦嗦，令男人不耐煩。三忌矯揉造作。文雅的談吐，基本在於詞能達意，過分咬文嚼字，會適得其反。四忌粗俗不堪。粗俗的語言會令時髦的妙齡女郎頓失風采，暴露淺薄的內質。

綜上所述，嬌美柔和的聲音，能透出女性的溫柔魅力，低沈有力的聲音，可以顯示出男性的陽剛氣概。追求內涵的男女都應重視自己談吐的提升。

二、從衣裝看對方的內涵

如果一個男人天天就穿一套西服，你會對他產生什麼印象？我想不會是很好的印象吧！要麼是對方不講究衛生，要麼是沒有生活情趣。遺憾的是，無數慈祥的媽媽都這樣教育未來的男人說，又不是女孩子，打扮得那麼花俏幹嗎？一套西服、幾件襯衫夠啦！可憐的男人們，雖然男裝永遠都是那麼缺乏變化，然而什麼休閒毛衣、運動裝、T恤、襯衫、夾克、便裝、牛仔褲、休閒西褲……都應該佔據你衣櫥的一席之地，才能扮出一個瀟脫魅力的個性男人，也才會有女孩子喜歡你。

如果你發現有些男人經常「小材大用」，比如說短夾克卻包過了臀部，腰帶繫在肚子上面，你會有什麼感覺？我想應該是滑稽有餘，奇怪多多。男性朋友要注意了，男裝夾克的正確長度一般應到腰際，太長或太短均不可取。如果你實在不幸擁有了一個便便大腹，可要慎重選擇西褲，就算肚子再大，腰帶也必須繫在「將軍肚」之下。

如果你發現男性所穿西裝是幾萬元的，裡面卻是五十塊錢的廉價內褲；高興地穿上剛買的今年最新款長褲，一不留神卻露出腳上三十塊錢的劣質襪子……這種「金玉其外，敗絮其中」的事，說明他不是一個時尚男人，離成功男人的距離比較遠。因爲優質的內衣象徵著男人有所堅持的內心，「有裡有面」的生活，才讓追求成功的男人覺得有「底氣」。

至於男性觀察女性的衣裝有太多方面可以著墨，這裡僅舉一個小重點——是否適合地點和場合。在鋪著絲絨地毯的豪華飯店，在遼闊蔥綠的田野裡，在琳琅滿目的購物市場或喧鬧的遊樂場，著裝應與環境相協調，穿出不同的形式和風格。假如穿著休閒裝，進五星級賓館參加盛宴，不但對主人來說是不禮貌，自己也會感到有損尊嚴而侷促不安。在喪葬場合，若女性穿紅著綠，濃妝豔抹，就會破壞肅穆的氣氛，令人生厭。

三、從寫字看對方的個性

歐洲國家申請工作的時候，老闆會要求你現場操筆寫字，他們認爲字跡反映人的性格，求職成功與否相當程度決定於字體。

「字如其人」，意謂人與字，二而一，如魚水相融，見字如見人。一九一五年，蘇曼殊致柳亞子信，嘗謂：「紉蘭書法甚有進步，但字瘦如其人耳。」字與人的外形竟是這樣的一體化，眞是字如其人的絕好注腳。只要仔細觀察一下許多偉人字跡，就會發現他們所寫的字和他們的爲人眞的很相像。

透過以上幾方面的觀察之後，相信你會大大減少自己談戀愛的失敗率，在追求愛情的過程中正中目標。

愛的提示：

愛情是一面鏡子，透過它可以細緻觀察對方。

為對方而改變

如果眞愛一個人，就會心甘情願爲他而改變。如果一個人在你面前我行我素，置你不喜歡的行爲而不顧，那麼他就是不愛你。所以，如果你不夠關心他或是他不夠關心你，那麼你就不愛他或他不愛你，而不要以爲是自己本來就很粗心，或相信他是一個粗心的人。遇見自己眞愛的人，懦夫也會變勇敢，同理，粗心鬼也會變得細心。

雖然「江山易改，本性難移」，但是爲了愛而改變自己的愛情確實存在。小到剃一個光頭，只要對方說喜歡，大到改變自己懶惰的性格和提升自己的內涵和修養。愛情的力量是神奇而具有魔力的。

小李是一名大三的學生，用「空虛」來形容他的大一生活再貼切不過，而用「癡心」來形容他的大二生活更是恰當。如果非要找一個合適的詞來形容他的大三生活，也許只能是一個「累」字，而這一切是因為一段愛情。

就像大部分大一新生一樣，小李每天生活在食堂、教室和寢室這三點一線上。

秋天的一個下午，已經大二的小李就像往常一樣邊上網邊聽音樂的時候，一個女孩闖入了他的世界。也許是上天注定了，他要為她而改變。看著她冥思苦想的做著電腦作業，小李感到有些心動，她那美麗的外表，娟秀的氣質以及身上散發出的獨特香味深深吸引了他。他承認自己對那個女孩是一見鍾情了。於是小李教她寫了幾道題，他們就這樣認識了，她是英語系的一個小學妹阿梅。

那天晚上，小李失眠了。他的情緒也有了巨大的波動。以後幾天，只要他一有時間，就一定跑網咖，因為他想碰到阿梅，他想及時看到她在MSN上給他的留言。在以後的一段時間裡，小李總是打電話給阿梅，他們談理想，談人生，談小說，談音樂。那時候的日子真的好美、好開心。為了有足夠的話題，小李開始搜集許多關於人生、文學等方面的書刊，文學水準大幅提升。

後來，他們終於相愛了，公園留下了他們偎依的身影，城市廣場留下了他們歡快的笑聲。他們一起漫步學校夜間的後山，牽著手享受那昏黃下的溫馨。小李很滿足，很開心，對她也是千依百順。阿梅說喜歡中分髮型，小李當天晚上就理了中分；阿梅喜歡圖書館，小李就天天陪她上圖書館，還被同舍室友取笑。

也許沒有曲折的愛情是不能長久的吧，也許初戀只能是人生的一段經歷。這學期剛剛開始，阿梅突然提出要跟小李分手。他不懂原因，也許是他不願意懂。但他決心挽回這段刻骨銘心的愛情。

聽說阿梅想學書法，他特意去買了一本字帖。看她做家教很累，時不時送些水果之類的給她。他很想靠自己的能力買一支手機送給阿梅，於是一改常態，一向不願意參與社交的他開始學會推銷、教家教、跟著朋友去談業務，一邊賺錢，一邊累積經驗，以便在阿梅畢業的時候能給她鋪好一條道路，也順便磨練一下自己，不想再讓她感覺自己不夠堅強。為了阿梅，小李已經有了脱胎換骨的變化。皇天不負有心人，最終他重新贏得了阿梅的芳心。

無獨有偶，我認識一個中年人，他的境遇也是「爲了愛可以改變自己」這句話很好的佐證。

三年前，他是一個很普通的男人。普通大學畢業，工作不順心，整天喝酒，發脾氣，對女孩子愛理不理，甚至還曾經因為去夜店找小姐，被警察抓過。那是什麼魔力讓男人轉變成今天這樣成熟、穩重、體貼的人呢？理由只有一個——因為他的老婆出現。

他老婆是那種總能一眼洞悉事情本質的人。她給他很多東西，比如讓他別太計較得失，別太在乎眼前的事，儘量待人和善。那時的他在老婆面前，就像不懂事的孩子。真的很奇怪，倔脾氣的他居然甘心情願地聽老婆的話，乖乖接受現實。為了提升生活品質，他努力工作。那年年底，工作上有了很大起色，於是他們結婚了。現在他們已經擁有了自己的別墅和豪華轎車，並有了一個可愛聰明的孩子。他們今天的幸福和他的改變有很大關係。

每個人都期待著自己美好愛情的開始，但是眞正能快樂的又有多少呢？你們覺得自己現在的愛情是幸福的嗎？你覺得你眞的能爲對方付出所有嗎？你眞的認爲你能爲對方而改變自己嗎？讓我們一起爲美麗的愛情而祝福吧！爲那些爲了愛而改變自己的人驕傲吧！世界正因爲有了他們才更加精彩。愛情並不因爲人的任何缺陷而減少它的吸引力。

爲了對方而改變自己無疑是最眞摯、浪漫的經典愛情。

愛的提示：

為愛情做出一點小小的改變吧，那不會讓你失去自我，只會讓你更加有魅力。

第六篇

真愛無香

幸福是因為要求不高

沒有人不希望自己的另一半長得漂亮或是瀟灑、談吐幽默、知識深淵、對人體貼。但是世上的男人與女人總是有著各種缺點，漂亮英俊的可能學歷低；學歷高的也許長相不如人意；收入高、懂浪漫的或許花心；老老實實、可以讓人放心的又不解風情……我們只能選擇那個具有我們最爲看重的品質的人，這是一種折中。

理想與現實的差距還表現在擇偶。這是一個雙向互動的過程，你要求別人完美，別人也會要求你完美；你看中了別人，別人不一定看上你；或是你喜歡的，早已有所屬。正因爲如此，過於追求完美的人必然在生活中碰得頭破血流。

其實，生活有時很簡單；幸福也不難得，只要你要求不高。

張惠是一位不到三十歲的美麗女子，在事業上相當有成就，已是某家公關公司的高級主管。最令人驚訝的是，她結婚已近七年，個性仍然陽光一般。一群女人問她，幸福婚姻的理由何在？她自有見地：「我跟妳們不一樣，我對婚姻要求不高，我找的男人，對我也要求不高，所以到現在，我還能說，結婚真好！」她的一番話，讓人恍然大悟——婚姻幸福的理由，是因為要求不高。

從前的夫妻容易天長地久，能歡歡喜喜到白頭，當然與社會風氣淳樸有關，但「要求不高」更是關鍵。女人嫁出去像抽獎，抽中了一個還實用的便得感激，虔誠地牽手。祖母那一代的女人，對男人要求確實不高，不嫖不賭，拿錢養家，就是大好男人。那一代男人對牽手的要求，何嘗不也是媒人說品貌端莊就是了，能煮飯、養兒育女就好。

現在的女人，知識水準及經濟能力日漸提升，怎能要求不高？沒有一個女人會再認爲不嫖不賭、拿錢養家就是好丈夫。女人對身高、面貌、職業、品味、個性、藝術、素養、家庭狀況、財產、金錢觀，以及他會不會洗碗，都有要求。

雖然幸福是因爲「要求不高」，但我們並不能要現代女子開倒車，隨隨便便把自己送出門。女人已與時代一起進步，即使我們可以開玩笑說，「隨便啦，沒關係，是男的就可以」，但事實上，各種條件早已預先輸進自己的腦海裡。

一個「値得」愛的人，不可能和我們的要求相距太遠，但愛上他之後，是不是可以不要求太多，讓愛喘口氣？被要求的人，常得削足適履，對方痛苦，你也不好受。被要求的人還會反擊，製造兩人世界的緊張。步入穩定關係前，你大可東挑西挑，找出一個合乎要求的人。選定了他之後，還是得「要求不高」，大家容易過日子。否則，越要求幸福，幸福越是遠走高飛。幸福的可貴，也因為它不會讓我們呼之即來，揮之即去。想要他變成你要的樣子，有技巧的讚美比要求與批評有效得多。

「要求太高」就會把自己的婚姻變為不幸，因為要求不可能達到，鬥來鬥去就是無法鬥在一個點上，一個在南極一個在北極，雙方都認為對方莫名其妙，因此你所有的努力只會使自己更不幸福。

對於愛情的不完美，生活中永遠有三種人：一種人死等自己的緣分，他們心中只有一種愛侶模式，那個人沒有出現，絕不將就；一種人在久等無望時，也可能結婚、生子，但他們時時以夢中情人的框框套在生活中的伴侶，結果夫妻關係濃煙滾滾；還有一種人明知自己的配偶不是那麼理想，卻能以平常心待之，用心體會配偶的優點，以理解和寬容膠合婚姻可能的裂縫。這種人最容易體會到婚姻的快樂。

婚姻很像一片玉石，任何一片玉石既有美麗的一面，又有特定的瑕疵。一般人不會因爲玉石的瑕疵而丟掉整塊玉石，所以我們不要因爲婚姻的一點不足斷送原本可能獲得的幸福，調整自己的心態，用對人的眼光而不是對神的眼光來要求自己的配偶。用心體會配偶的優點，是獲得美滿婚姻的基礎。

愛的提示：

在愛情中學會知足常樂，彼此關心才能長久。

平淡中充滿美好

過了這麼多年，愛情衰退了，可婚姻依然存在，婚後生活遠不如熱戀時那樣富有浪漫色彩，當柴米油鹽一大堆雜事堆在面前時，失望感會油然而生。有的人尋找各種理由維持下去；有的人忍不住要離婚，想去尋找激情，或者寧願回到人類孤獨的命運之途，也不再受婚姻傷害。誰能阻擋愛情的衰退？如今的人類如驚弓之鳥，即使在相愛甜蜜的高潮上頭，也不敢保證將來，本能就知道未來不掌握在自己手中。因爲愛情而結了婚的男人女人，陷入世俗生活中，更加速愛情衰退的過程。

對於平淡的婚姻，應有激情去製造活力、製造浪漫。生活中激起的浪花，滴滴都映照出你們的喜怒哀樂，你的憂，你的愁，時時刻刻都牽動著愛人的心。對生活充滿激情，用平常心去面對生活，生活才過得有滋味，盡自己最大的能力去享受生活，用自己的能力去改變生活，也不枉來這個世上走一遭；否則，生活平淡無奇，沒有任何浪花，日後都不能回想起值得懷念的事情。

生活中有多少美好的東西，新的一天有新的感覺，新的體驗，生活給人們帶來的是無盡的歡樂，只要善於去發現。不要認爲「老夫老妻」就無所謂，不顧對方感受，會把戀愛時的美好逐漸磨蝕掉。

愛要不斷更新，一起分享喜怒哀樂，保持一點戀愛時的「羅曼蒂克」。用心去體會，總會發現生活中的美。

愛的提示：

當愛情歸於平淡，需要你去體會它的美好。

平衡好姻親關係

春節長假後的第一天，到法院打離婚官司的人驟然增多。春節過後，竟然有那麼多人要求離婚，爲什麼？雙方老人家都要求回家過除夕，夫妻倆爭執不下只好各自回家；兩人疲於應付走訪兩邊的親戚，因爲過年給多少紅包、買什麼禮物吵紅了臉；因爲人們要給長輩拜年，給親人送禮，還要給孩子壓歲錢；去每一家的時間怎麼安排？禮物和禮錢的分量該多重？有意無意之間，夫妻倆就會冒出「你們家」「我們家」的說法，衝突就出現了。夫妻衝動之下往往互以離婚相威脅。離婚兩字脫口而出，又礙於面子不便收回，兩人果真到了法院。

很多辦離婚手續的夫妻屬於衝動型。由於年輕夫妻很容易因爲老一輩過年講的一些話不中聽，及生活瑣事發生分歧。夫妻有了衝突不能冷靜處理，便很容易在衝動之下做出離婚的選擇，年後離婚潮就出現了。

因親屬而離婚的例子不時可見。夫妻核心家庭怎麼擺正和親屬之間的關係？反過來說，親屬怎麼擺正和人家夫妻之間的關係？如果解決不好，把小家庭和大家庭過分地摻和在一起，讓親屬關係過多參與夫妻婚姻生活，即使不是有意的，也會對婚姻十分有害。

這麼多婚姻離散竟是因親屬不睦引起，眞讓人心生遺憾。當一對相愛男女感情日深，關係穩定時，兩人都成爲了彼此家庭中的一部分。任何家庭都有自己做事的方式和習慣，認清這些，找到適度的相處辦法，就能避免因各自家庭觀念的差別而損害小倆口的感情。當每一對伴侶決定終生相伴時，都應該將對方放在家人和朋友之上。

積極的家庭親屬關係會增強夫妻的緊密感和愛情，而家庭親屬間的衝突則會對夫妻的關係造成破壞作用。

身為單身漢，國強的條件不錯，身高一七六，大學畢業生，國家公務員。不像一些落魄的單身漢那樣，國強的衣著整潔，頭髮總是剪得很精神，性格也穩重。很多人把自己親友圈子裡的單身女性推薦給國強，她們條件都很好，但是都被國強拒絕了。國強知道大家為此百思不得其解，但他不想把自己曾經歷過的、可憐而可怕的、噩夢一般難以對他人啓齒的過去告訴他們。它仍然像一片壓頂的烏雲，讓國強看不到一點陽光，國強恐怕再也走不出它的陰影了。

國強的母親早年守寡，只有國強這一個兒子。國強母親家裡很窮，人口又多，住兩間破舊的小房，地位可想而知。但生活還是給了她一個機會：村裡的教書老師見國強舅舅甚是聰明精靈，願意收舅舅做學生，條件是國強母親家要幫他料理一些家務。家裡大喜過望，就讓她一起到學校裡去，為老師洗衣做飯。國強母親抓住這個人生機會，做完了家務，就站在教室外面聽，竟然聽得不比舅舅功課差。後來她成了國強爸爸的同學，再後來就結了親。

一次車禍，國強的父親去世了。國強母親是一個十分清秀的女性，原本就心氣很高，經歷了喪夫之痛，發誓要努力把國強送進一流大學。為了實現這個理想，她除了在一個小學工作外，還給人洗衣掙錢。

國強和母親相依為命的日子，國強知道母親為自己付出的辛苦，所以從來都不惹她生氣，是一個聽話的好孩子。每當看到母親腰酸腿疼的時候，國強總會端一盆熱水給她泡腳，為她捶背。

當國強把大學錄取通知書交到她手上的時候，她把自己關在房間裡，待了很久。第二天，她就帶著國強一起回了趟老家。等那張錄取通知書從鄉親們手裡再傳回來的時候，已經磨得不像樣了。

國強的第一任妻子是大學同學。結婚當晚，國強母親把國強叫進她的房間，開始說老家的長短，慢慢地說，細細地說，總是有話要和國強說，說也說不完，把兒媳撂在新房，沒人理她。以前晚上，母親和國強也會說很長時間的話，但遠沒有結婚這天晚上說的這麼多。國強心裡雖然著急，卻不能打斷她，直到半夜。以後的日子，每晚她不在客廳看電視，一定要國強在她的臥室裡陪著她看。這一看就看了很多年。

國強妻子始終忍著，在國強面前雖有抱怨，但仍很有分寸。家裡的空氣總是充滿了異樣。但這還不夠，有時候國強先上班走了，國強妻子從房間裡出來，當婆婆的就可能在她身後突然給一句：「妳要把他掏空了呀？」

國強其實很愛妻子，也理解她的壓抑和煩躁，但國強能怎麼辦？只有一處房子，不可能把她們兩個分開，而國強又要順從含辛茹苦的媽媽，也沒辦法。妻子堅持了七年，依然看不到希望，終於走了。

後來國強又談過幾次戀愛，對方只要到家裡來過幾次，就統統都退出了。國強母親總有辦法送出一些氣息來，讓她們不寒而慄，落荒而逃。

現在社會裡有許多單身母親，她們既要工作又要養育孩子，十分不易。但我還是想提醒她們一聲，不要僅僅爲孩子而活，不要把孩子，特別是兒子當成自己的感情寄託，弄不好，那樣會走向心理變態，孩子們也承受不了這樣的感情。

母親太過寵愛對於男孩十分危險，病態母愛的實質，不過是自私和佔有。當孩子達到自立的時機，母子的關係就應該漸漸分開。一個明智的母親絕不應該阻擋兒子感情生活的正常發展。眞正的母愛，是在孩子成長過程中，一天天地與兒子分離，讓他逐漸學會自立。

人們的愛情有時會受到父母或子女的反對。一些父母在心裡爲孩子勾畫了他們認爲理想的婚姻及生活的藍圖，一旦事實與他們的理想不符，就會遭到他們的激烈反對。還有的父母不尊重已經成家的孩子，把「小家」也當作自己的領地，常常擅自闖入，對他們的生活指指點點，提出這樣那樣的要求。

如果面對親屬的反對，堅信自己選擇正確，你就不必爲滿足他們的夢想負任何責任，而做親屬的則需要學會接受兒女們的選擇。

萬一雙方的親屬強力介入，你們應該有更成熟、更明智的選擇，減輕兩代人關係的緊張，使你們的婚姻關係更加鞏固。首先，把夫妻的利益放在第一位；夫妻之間不要先自己內訌起來，要攜手一起面對發生的問題，不要讓這些「外人」插足兩人中間；不要說那些傷感情的話，不要對你的伴侶和他的親屬進行人身攻擊，這樣只會使他和你離心離德；用夫妻協商的方式，制定一個雙方都能接受的尺度，比如，單周去婆家，雙周去娘家；歡迎親屬上門，但最好提前打一個電話，以防尷尬。

愛的提示：

學會處理姻親關係，是婚姻中不可缺少的一部分。

在分歧時學會忍讓

夫婦爭吵正在氣頭上，個人的勝利往往要比夫婦關係來得重要；他們不知道，勝的是這場爭論，敗的卻是整個婚姻。

心理治療大師方紐秦在教學時就曾經對學生這樣說過：「如果你結過婚，你就會知道，婚姻的路子絕對不是這樣明確的。一段成功的婚姻，中途一定經過無數的考驗和體會。雙方一定起碼想過離婚一百次，撞死對方五十次。每晚在窗下奏小提琴的情懷，我們過來人就知道是很累的，絕不能拿來作爲婚姻的基礎。」

世間沒有通用的婚姻公式，每家人都有不同的婚姻故事。個人的獨立與二人世界的互相依靠，這兩者如何取捨，如同走平衡木，每段婚姻都是掙扎過來的。

李斌和蓉蓉談戀愛的時候就容易爭執，互不相讓，也不肯妥協。男的說東，女的就主張西。可是他們還是彼此喜歡，也就結婚了。要結婚時，他們也吵鬧爭執了很多事。譬如，新郎提議要用什麼方式舉行婚禮，可是新娘卻另有一套不同的構想，爭執了幾個月，最後還是由雙方父母做主決定。

他們感情還好，可是一談到一些事情需要做決定時，麻煩就來。因為他們不僅意見不同，堅持自己的意見而不肯讓步，有時還提高嗓子爭論，不肯罷休。就算是在別人面前也是如此，為了一點小事，就各持己見。譬如上一次，幾位朋友來家裡聊天時，李斌偶而談起男人方向感比較好，走路會靠東南西北的方向感來走，不會迷路。結果蓉蓉立刻反駁，指出上一次他們夫婦一起去朋友家時，在小巷裡迷失，還不是靠她記得巷名才找到朋友家。李斌一聽，心裡就有點冒火，又說男人不怕老鼠，不會像女人一樣，看到什麼蟑螂或小蟲就怕得尖叫。蓉蓉也不認輸，馬上又回敬似地提醒上次在逛動物園時，是誰聽到老虎的吼聲害怕後退。像這樣，他們夫婦就喜歡一比一鬥，相互較勁兒，連朋友們都覺得不好意思，勸他們停止，並且半開玩笑地提議他們應該找機會看婚姻輔導專家，研究研究到底是怎麼一回事。

最近他們鬧了一件大事，幾乎吵到要離婚。原來他們計劃搬到新公寓去住，為了佈置新家，雙方鬧意見。李斌喜歡顏色古樸、形式傳統的家具，而蓉蓉卻喜愛顏色明亮、摩登的家具。他們堅持彼此的愛好而不相讓。就連家具要擺在哪裡，也有不同的意見。最後的導火線是發生在廚房用具的選擇。蓉蓉本來有她一套計劃，可是先生提出不同的意見，太太就大發脾氣，罵先生娘娘腔，一個大丈夫還要管廚房的事。李斌聽了，覺得太太是諷刺他沒有大丈夫的氣概，就還罵太太不像女人，凡事自做主張。就這樣東吵西吵，吵得沒有結論，不但不想搬家了，也吵到乾脆分居好了。

但是李斌夫妻在自己的工作崗位上，跟同事相處融洽，只有夫婦在一起時，才會經常爭執不下。後來經專家點撥，才知道是他們個人的原生家庭背景影響了他們的行為。李斌是老三，上面有兩個姐姐，比他大好幾歲。從小兩個大姐姐都喜歡管他，而李斌養成一種不肯跟娘子軍認輸的習慣，總要反駁與抵抗，不受姐姐們的欺負。太太則相反。她是老大，底下有個小弟弟。從小她就喜歡管弟弟，並且常常以大姐姐的身份要求弟弟服從。他們小時候的手足關係，無形中塑造了他們對另一半的互動模式，而表現在夫妻衝突。李斌認為妻子像自己的大姐們似的，總是要壓迫、欺負他。因此，不管太太說什麼，總想反對一下，表示自己有主見。至於蓉蓉還是以過去對待自己小弟似地對待丈夫，想保持自己的威嚴，不肯順從。兩人在一塊兒，彼此堅持不相上下。

夫妻就要以夫妻的關係跟配偶相處，不能以過去跟自己手足的相處模式繼續用在夫婦的關係上。夫妻的關係要擺脫「上下」關係，而要以「同等」及「互補」的本質相處。夫婦是以「互補」爲貴，「互鬥」爲賤，要彼此發揮長處來幫助對方。夫婦就好像一個人的雙手，不用去爭取到底是左手強或者是右手厲害。最重要的是左右手能否一起合作協調去完成雙手的任務，發揮最好的效果，而不用去爭執是誰能幹。夫妻要能時時扮演不同的角色，「協助」是很重要的。

爭吵，讓明宇對婚姻沒了信心。每一天明宇都害怕回家面對妻子，生怕哪句話不對，或者哪件事做錯了，又燃起爭吵的導火線。

明宇雖然只是個不名一文的電器維修工，但從沒讓妻子吃過苦。為了多賺錢，他曾一天裝了十一台冷氣，爬樓梯爬得腿都軟了，回家也不會跟妻子說個「苦」字。結婚前，妻子的個性就不大好，他在街上多看別的女孩一眼，她肯定會跟他大吵一架。現在他們結婚都十幾年了，孩子也十一歲了，可她一點都不改，反而還變本加厲，吵架幾乎成了家常便飯。

一次，他們家水管堵住，找工人來疏通，但通了半天也找不出原因，直到很晚才疏通完。工人走時，妻子已經很煩躁，明宇提議她別在家裡做飯了，到餐館解決一頓。明宇是出於好心，妻子卻莫名其妙地生氣了，說著說著就吵了起來。為避免爭吵，他躲到房間去，她就硬把明宇揪出來；他不吭聲聽她說吧，也不行，她一定要讓他說；可哪句話說得不對，她就更生氣了。身為一個大男人，明宇已經被妻子折磨得筋疲力盡，爭吵讓他漸漸失去維持婚姻的信心。

其實，明宇可以把平時工作上的苦和累多跟妻子說一說，讓妻子知道丈夫的壓力，也讓妻子獲得被丈夫信任的感覺。解決夫妻之間的爭吵，關鍵是夫妻雙方要互相體諒寬容，尤其是要忍耐。

夫妻相處日久，缺點比優點更容易暴露出來，不再情人眼裡出西施了。俗話說，牙齒也會咬到舌頭。此時最好的辦法。咬一下嘴唇忍耐一下，尤其是丈夫寧可多吃虧一點。有對夫婦口角，老婆把一盆水潑到丈夫頭上，不料他竟說：「我早就料到打雷以後要下雨。」說罷哈哈一笑。事後老婆非常後悔，趕緊打掃房間。忍耐與幽默，是消除夫妻爭吵的良藥。千萬記住，不要吵嘴，更不要打架，如果開了頭，以後就不好收拾了。

愛的提示：

沒有不爭吵的愛情，遇到分歧時要學會忍讓。

感情沒有對錯

奕國和女友的感情本來就不穩定，光是分手已分了十次了。大家都認為他們太不合適，勸奕國分手的人很多，但他每次看女友道歉，心又軟了，於是怎麼都沒分成。

奕國早就對女友的室友伶有好感，覺得和她說話特別舒服，慢慢的，這種感覺不知不覺佔據了奕國的內心，而伶也喜歡他。在他和女友的第N次分手後，伶給奕國發簡訊，安慰奕國。奕國很驚訝，也很感動，深深埋在心底的感情又浮了上來，鬼使神差的和伶單獨見了面（這是他和伶的第一次單獨見面），結果越聊越覺得伶是他理想的伴侶，捨不得放下半年多的暗戀。

奕國和伶兩個都是很在意旁人眼光的人，可是終於冒天下之大不韙，展開交往了。他們倆在巨大的壓力下生活，同時享受著這份甜美的愛情。事實證明，伶和奕國非常相合，在交往的第五天，他們許下誓言——此生結為夫妻。

其實伶是很夠朋友的，人緣極佳，男人緣女人緣都很棒！伶也知道這樣做對不起姐妹，剛開始的那段時間她被巨大的心理壓力壓得都有點喘不過氣。伶說這可能是她這一輩子做得最「驚世駭俗」的一件事。

現在奕國和伶已經交往了快兩年，感情仍然很好，雙方父母也見過面，一切都很滿意。但每當奕國在網上看到愛上男（女）朋友的好朋友這種文章時，那些咒罵的字眼仍然讓他覺得有點膽戰心驚。奕國常常想，在他和伶幸福生活的同時，會不會有人在背後狠狠地罵他們呢？會不會罵他們的人正是身邊最親近的朋友呢？……他不敢再想下去了。

要愛就不要在意別人的眼光，要在意別人的眼光就不要愛；什麼都要，就會什麼都得不到。感情沒有對錯，只要調整自己的心態就可以了。

責怪的人肯定是有的，那又怎麼樣，奕國又沒有錯。仔細想想，以前經常聽說過類似的情況，聽到別人愛上自己另一半的好朋友，你是怎麼想那個人的呢？如果你是被拋棄那一方的好朋友，也許你會爲他憤憤不平，但是過了一段時間，你是不是原諒負心的一方呢？答案應該是肯定的吧！別人的也一樣，所有的傷痛都會隨著時間消逝的，甚至連被背叛的「苦主」以後也會淡忘這件事情。

感情不分對錯，只能說有的人相見比較晚，但最終還是能和自己喜歡的人在一起最重要。社會的輿論固然重要，但是只要雙方是眞心的，何必去考慮別人的說法。應該學會愛自己，別讓自己承擔太大的壓力，因爲我們是來感受生活，不是來感歎生活的！

愛的提示：

愛情的世界裡沒有太多的是非對錯，只要一切順其自然。

當愛已成往事

許多人總在追求愛情的永恒，認爲只要是眞愛，就能夠天長地久；只有海枯石爛，才能算是眞愛。其實眞愛本無香，也許它的痕跡也會隨著時光的流逝而慢慢逝去，當愛已成往事的時候，讓我們學會正視那分已經遠去的愛。在這裡，筆者用第一人稱，爲讀者們書寫關於「當愛已成往事」的感悟。

那天夜裡，我路過城市最繁華的街頭回家，看見一對情侶在車站熱情相擁，公車紛紛在他們身邊停過，他們都沒有分開的意思。我一直回著頭看，覺得自己的目光是羨慕而深情的，我在心底尋找自己曾擁有過的感覺，甜蜜而酸澀。

當他們的身影消失在我的視線時，一絲傷感像夜的涼氣在燈火闌珊裡淡淡縈繞，我猜測著他們誰將告別誰，誰又將目送著誰離去？當我走入繁華的盡頭，只有寥若晨星的街燈閃爍，我甚至想到他們在某一天會在同一個地點讓曾經熱烈的愛情畫上悲傷的句號。還有過路的車等候嗎？還有戀戀不捨、執手相看的淚眼嗎？也許都還會存在，惟一不在的可能就是如今動人的愛情。

我又有一些傷感了，我覺得人們並不害怕沒有愛情，怕只怕原本濃烈的愛情變成了一聲歎息，一首輓歌。

相愛的人最擔心聽到對方說那句：「我已經不愛你了。」心裡知道是放手的時候了，可靈魂深處還是想去握住那雙不想放開的手，挽回，傷就永遠不會停止痛；糾纏，筋疲力盡後，誰都找不回愛情原來的模樣。如果說，人們可以不在乎沒有愛地綁在一起一輩子，那麼，誰還敢問一句：永遠有多遠？

不如放開手，安慰自己說一聲「長痛不如短痛」，聽一首名叫《當愛已成往事》的老歌，它曾被唱得期期艾艾，肝腸寸斷，不是沒有原由，也許是人們早已明白了個中道理，不敢說出來，讓別人去唱給自己聽罷了。愛往往說不清楚，該來的時候沒有理由，它擁有的無形力量是人無法抵擋的，爲什麼不愛就不可以呢？也許僅僅是他某種眼神的消失，也許只是她的一種感覺殆盡，愛走了，可以和它來時一樣沒有理由。

沒有了愛的情侶總在找對方的缺點，總會傷心勾勒曾幾何時的甜蜜，會喋喋不休自己的付出和他的無情無義，我們無可避免這樣庸俗的分手規則，因爲愛情是自私的。很少有被愛傷透的人還能心平氣和地在淒清的夜燈下看自己孤獨的影子，然後眞心寬容地說：「我給你自由。」即便是笑著分手的人，在證實愛即將變成往事的瞬間，心也會止不住淚流。

這可能就是愛情的規則，我不是說給正熱吻於街頭的戀人們聽的，我也不是說給已經分飛天涯的兩人聽的，我只是在路過繁華和冷清的一線之間突然想到，僅僅因爲剛豔羨完一對不願分開的情人，車裡的廣播就響起了憂傷的《當愛已成往事》，點歌的是一個剛失戀的男人，我想他一定也曾擁有一個不願分離的愛情故事。

愛的提示：

真愛可能也無法永恒，當愛已成往事的時候，記住那如煙一般無香的真愛吧。

愛的最高境界

有這樣一個故事，最能體現「眞愛無香」的主題。

她想，也許他還愛我，生怕我受一點點驚嚇；他想，也許她還愛我，不然她不會流淚。

他愛上她的時候，她才十九歲，正在遠離現實世界的象牙塔裡做著純真的夢。而他已經工作了好幾年，差不多忘記了怎樣浪漫，因此，他盡可能小心地呵護著她和她的精神世界。

有一天，他借來電影《蘇菲的選擇》和她一起看。片子看完了，她並沒有真正明白片子最深刻的意義，可是有一個鏡頭從此嵌入了她的腦海，令她永生難忘：當人們撞開房門，衝進屋子時，發現那兩個相愛的人已相擁著告別了這個世界。

她流淚了，問他這是不是愛的最高境界。他笑了笑，沒有回答，這讓她覺得，他一定知道還有一種更高的境界。

他等了她很多年，然後她成了他的妻子。漸漸地，不知有意無意，他們養成了相擁而眠的習慣。無論睡夢中變化了怎樣的姿勢，無論他們為了什麼事互不理睬，第二天清晨醒來，她總是在他懷裡。

她覺得很幸福。

再後來，他們之間發生了一些事，開始互相懷疑彼此的感情。他不再對她說「我愛妳」，當然她也不再對他說「我也是。」

一天晚上，他們談到了分手的事，背對背睡了。半夜，天上打雷了。第一聲雷響時，他驚醒了，下意識猛地用雙手去捂她的耳朵，才發現不知何時他又擁著她。第二聲雷緊接著炸開了，她或許是被雷聲或許是被他的手弄醒了，睜開眼，耳裡還有悶悶的雷聲，他的手正從她耳朵上拿開。

她的眼頓時濕潤了。他們重新閉上眼，假裝什麼也沒發生，可誰都沒有睡著。她想，也許他還愛我，生怕我受一點點驚嚇。他想，也許她還愛我，不然她不會流淚的。

真愛無香，愛的最高境界是經得起平淡的流年。

愛的提示：

當濃烈的愛情復歸平淡時，也許並不是愛走遠了，只不過是真愛無香，你未能體會到它的芬芳。

第七篇

愛與性

性不是愛的籌碼

有一種女孩，用身體奉獻給愛情，以爲「性」可以換得愛情。這種女孩，最初也是擔心愛不到人家，愛上人之後又怕被拋棄。因爲太在乎對方，於是就把全部給對方。而通常的結果是，她們眞的「給了」，給得令自己也備感淒美偉大。

不少女性明白自己失戀時，已爲時太晚，於是哭鬧、不甘、尋死覓活、報復、給心理醫生打電話。而那些「負心漢」則可能一臉無辜地攤開雙手，聳聳肩膀說：「她傻，我有什麼辦法？」不少女性喜歡聽男人胡說八道、扯謊吹牛，就是不懂得睜大眼看清對方不懷好意。

二十歲的虹與比她大九歲的男友正處於「危機」當中，她打無數個電話，約他出去，他都不接……這是為什麼？可能是因為年齡相差太大了吧，她常這麼想。後來虹發現那男人不愛她，只是「順便」跟一個小女孩玩一陣子，現在覺得不好玩了，就逃走了。虹不明白：戀愛中男女該做的事，我們都做了，為什麼他仍不愛我呢？

有些男人自私，愛貪小便宜。女人主動上門，他怎麼會拒絕？但他不會玩眞的，他的目標很明確：玩一段遊戲之後，再找個藉口光明正大溜走。這便是他內心的盤算。

「當初爲什麼我就看不出來呢？」虹經常問自己。

虹這樣的女孩以爲「性」可改善愛情。戀愛中的女人特別喜愛扮演犧牲奉獻的角色，像祭典的處女，直到有一天，那個接受奉獻又不知好歹的神祇一巴掌打醒她的夢。她當然會傷心，會大病一場，但是更大的苦難是，她到死都不明白，爲什麼她能給的都給了，對方卻仍然如此絕情絕義地負了她？

沒有人能告訴她爲什麼！有人會說她太傻，有人也會說他太壞。或許這些女孩也這麼認爲，然後捧著被傷害的一顆心和一大堆問題去尋找下一個男人。於是，「給」與「不給」又成了問題。

一家女性雜誌非正式的調查顯示，超過一半的年輕女性仍有著「如果我不照他的意思做，他就會離開我」的想法，而這樣的想法通常導致最後「豈有此理」的怨懟。

如今像虹這類獻身型的女孩不少，但仍然有相當多女孩對戀愛、結婚有著自己明確的計劃和進程：首先是認識，再若即若離地推進，然後確定，墜入愛河，接下來是親友介入，最後論及婚嫁。好女孩與好男孩之間的「性」總是有某種程度的克制與承諾。

一位同事初進公司就贏得許多驚豔的目光，歷經一場爭霸戰之後，她答應赴一位資深男同事的晚餐邀約。這位經驗豐富的男人精心安排了一切，鮮花、美酒、燭光和色香俱全的法國菜……女同事在心醉神迷之際，仍擲地有聲地說：「我是完璧之身，而且我會這樣一直保持到新婚之夜，我不會為了和男人鬼混，而毀了我這麼久的努力。」

那頓晚餐結束得很得體禮貌，他和她仍然是彼此尊重的同事，只是，他打消了對她的企圖。因為他覺得她神聖不可侵犯，這種女孩，他敬畏。偶爾在同性的聚會當中，他會把她的一番話說給其他「玩家」聽，眾人一番感慨。那女同事的誠實和堅持，令他們刮目相看。這個社會裡，有不少男人仍然為女性貞操的可貴而折腰。

現在的女人在面對感情時，應該認清自己要的不一定就是對方要的。所以，不管你是否認真的投入了一場感情，最重要的是要知道一點：身體不是愛情唯一的資本，不要隨便和人上床，否則將來遇到一個是潔身自好、有原則的男人，妳會後悔當年的所做所爲。

愛的提示：

性決定不了愛，也彌補不了愛，永遠不要把性當作愛的籌碼。

性和愛難免有分手的時候

性和愛是可以分開的。性其實只是人的一種正常生理欲望，就和吃飯喝水一樣，餓了就要吃飯，渴了就要喝水。飯我們可以自己弄著吃，吃完洗碗洗鍋；也可以去館子吃，吃完嘴一抹，拍屁股走人。所以對於性，很多人在需求時也會去外面「吃」，吃完付錢走人，不需要把對方帶走。但自己做的和外面買的味道是有點不同，到底誰好誰壞，就看各人的口味了。

都市正在流行這樣一種關係：一對男女白天是很好的朋友，夜晚寂靜的角落裡他們可能會在一起，但是在他們之間沒有愛情。

已經年過三十歲的昆實際上已經不是很相信愛情了。二十五歲那年，昆頭腦一熱，想去歐洲見見世面，沒經歷什麼波折，辦妥了去德國一所公立學校的手續就離開了台灣。那之前，昆有個很漂亮的女朋友，當時昆的想法是自己先去，然後在那裡看看有沒有什麼適合她的學校，並計劃兩年之內在德國相聚。其實昆對這個前景沒抱什麼希望，畢竟相隔很遠，她又是個脆弱的千金小姐，感情出現變化再正常不過。昆所申請的學校在德國的郊區，生活很枯燥，遠遠沒有台北繁華，利用假期昆轉了歐洲的一些地方，然而枯燥依然是求學生活的主旋律。他曾和一個長相普通的德國女孩有一段短暫的戀情，因文化的差異最後分手。在那裡生活了兩年，昆沒有勇氣待下去，再一次決定離開，沒有拿到碩士學位。回國後昆看望了前女友。她結婚了，生活富足而穩定。事過境遷，但昆還是祝福她。

剛回來的幾個月昆很孤獨，工作不是太好找，朋友也不多。一次同學聚會時，昆碰見高中好友琪，她的男友也在國外，昆和琪聊得很投機，琪決心死等男友，在台北和昆一樣是形單影隻。之後他們的關係越來越好，沒事就會一起泡個吧，喝喝茶什麼的，琪很愛男友，有一次喝多了哭得一塌糊塗。夜已深，昆送她回家。琪剛進門就吐了，昆幫她收拾乾淨，她進到浴室洗澡。昆隔著門說他回去了。琪說別急，坐會兒再走。昆就找出一張影碟看，片子節奏很慢，昆居然睡著了，睡夢中忽然想起這是在別人家，一下子驚醒。這時琪正站在昆的面前梳理濕漉漉的頭髮，身穿一件黑色的性感睡衣，昆一陣暈眩，原來每個女人在夜裡都是如此嫵媚。她說很晚了，就住這裡吧，沙發很寬的。昆說那不太好，還是走吧。

昆起身的時候，琪拉住他的手輕輕地說：「別走了。」她慢慢眨了一下眼睛，睜開時昆看到她落下眼淚，心一下子軟了，他微笑著看她，另一隻手把她摟在懷裡……

這之後的幾天他們沒有聯絡，直到一天昆約琪出來，他們心中的疙瘩已經釋然了，之後他們還是好朋友。親密的接觸也有幾回，但是昆知道她依然要等她在美國的未婚夫，昆也在尋找合適的女孩。

雖然有過肉體關係，但只是一種內心的安慰。他們不會像情侶那樣卿卿我我，友情是最主要的成分。他們之間也不存在背叛與傷害，因為他們之間沒有愛情。他們並不是真正情人關係，沒有糾纏，彼此不影響。

他們都是怕麻煩的人，因此避免愛情。沒有過分的依賴，沒有煎熬與折磨。他們平平淡淡地相處，甚至每次分別連手都不會拉一下。他們認為是好朋友所以善待對方，精神上的相互支援遠遠大於其他。

愛的提示：

性和愛並不永遠是合一的，接受並理解這個現實吧！

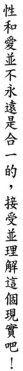

性是婚姻的潤滑劑

社會溝通的基礎是家庭的溝通，家庭溝通的基礎是夫妻之間的溝通，而夫妻性生活的溝通則是最爲基礎的事情。尤其是對剛起步的婚姻，性有至關重要的作用。

良好的性生活是夫妻恩愛、婚姻穩定的保證，而性生活的美滿與否直接與男女雙方的默契和配合有關係。人們對性充滿了困惑，同時又期望得到良好而令人滿意的性關係，卻常常忽略了良好的性生活要靠自己締造。

台灣多數人的性生活方式比較單一。有近一半的人從來沒有在性生活中開過玩笑或鬧著玩。四成多的人從來沒有變換過性生活方式、地點和時間。三分之一的夫妻在性交結束後就不再相互愛撫。對於他們來說，性生活只是日常生活的一部分，只是當成一個任務或一種需要去完成，而沒有視爲人生幸福的一部分。性生活中，性的感情交流也有差距。有近三成的人沒有相互交流過對性的感受，沒有告訴過對方是否喜歡目前的性生活方式。同樣多的人從來沒有促使對方對性生活更感興趣。還有四分之一的夫妻，從來沒有在對方面前裸體過。

性生活中的問題，相當程度是自己主觀努力太少。有些人沒有努力使雙方在性生活中都獲得舒緩和慰藉。有些人從未學習運用性技巧，促使性生活更圓滿。有些人對性生活沒有興趣、自己興奮不起來、興奮持續時間很短，性高潮來得太慢、太晚或無法達到高潮等等。

一位網友在網路聊天室裡剖白說：「我的性生活不怎麼理想，換一個人該是最好的辦法吧！」我很想問他一句：「最近，你親吻或擁抱過你的另一半了嗎？你有沒有努力使你們在性生活中充分地展現自己輕鬆而自然的面貌呢？你是否關心你的另一半在性生活中的感受？你努力使你的另一半快樂了嗎？昨夜，你有沒有摟抱著伴侶入睡？」如果都沒有，那換一個人又有什麼用呢？哪怕是用上了「威而剛」或者什麼「神油」，眞的可以威風凜凜，感覺也怕是不美妙的。

時下的年輕人普遍認爲，沒有經過同居的生活，沒有兩性之間的親密接觸，怎麼能夠接納對方，過一輩子的生活呢？因此，同居現在很盛行，同居不結婚被視爲試婚，即雙方經過接觸、瞭解、熟悉的階段，透過性生活是否和諧來決定結婚與否。

其實，很多人覺得同居也是重視婚姻的一種表現。要是沒有嘗試過肉體接觸的感受，怎麼知道是否能夠與對方長期相處呢？更談不上彼此廝守一輩子了。

隨著年齡增長，生活壓力越來越大，不少人對於性常常感到力不從心。不少夫婦由於性生活不和諧，就搞婚外情，有的甚至狎妓。離婚是很麻煩的事，涉及到財產的分割和子女的撫養權，這一點看看美國的著名拳擊選手泰森因爲離婚而艱苦度日就知道了。而性生活又不能勉強，可能折衷的辦法就是自己尋找慰藉。這樣既可避免家庭破裂，又能得到性滿足。

加利福尼亞州著名臨床心理學家卡羅爾．埃利森，透過對二千六百名婦女進行追蹤調查發現，婦女之所以享受不到性高潮的樂趣，原因無非是把大量時間用在撫育兒女和工作上，她們的性冷感主要是勞累所致。男人們，請先好好疼愛和照顧自己的妻子吧！人類的性行爲本來是一種天生的本能，和諧的性生活能使人的心理和生理得到滿足，令人心情愉快，身體健康，精力充沛。

愛的提示：

學會在性生活中充分地享受愛吧！

愛要和諧，性也要和諧

隨著社會開放、性知識普及，人們能夠大量接觸到性資訊，現代女性對於避孕、懷孕和婦女病的知識比過去豐富很多。可仍有很多女子對於性缺乏足夠認識，有些人不知道自己最敏感的性部位在哪裡，更有甚者，不知道或說不清何謂女性的性高潮。

雖然很多已婚女性不時私下議論性生活的事，但絕大多數是評論丈夫如何，很少有人談到主動學習性知識。爲什麼分明需要卻又不學？主要原因之一就是，非常多的妻子認爲，既然我已經履行了「獻身」的義務，他就該擔起促成性和諧的責任，萬一有問題也與我無關。有的妻子乾脆說：「這種事，全靠碰到一個好丈夫。」這種性觀念至少可能帶來幾種不良結果：遇到丈夫粗暴甚至於性虐待時，妻子既缺乏抵制的內心動力，又缺乏促其改變的知識與方法；出現一般的性生活不和諧時，妻子傾向一味責怪丈夫，而凡事被動的妻子也難體會樂趣與價值，容易產生冷漠與疏遠，長此以往造成雙方的心理疲勞。

誤解一

傳統道德強調女性要端莊，一個蕩字會毀掉女人的一生。其實，這本來指女性應在性關係方面遵守社會規範，但在封建的禁錮下，許多人把它錯誤地放大到夫妻性生活中來，許多妻子對自己自主的性要求感到恥辱或羞愧，總覺得自己主動提出是「賤」或「騷」，甚至覺得這樣像妓女。這在新婚初期似乎還不是個問題，但隨著性生活步入常態，若女性過分注意形像，十分矜持，結果都在心裡抱怨對方，問題反而越鬧越大。

過分關心自己的形像，既容易否定自我，又容易錯怪對方。除此之外，還有一個最直接、最常見的不良後果，那就是分散了自己的注意力，使自己處於旁觀者或審查官的位置上，刻意地、勉強地去做某些自認爲是應該如此的事。結果，不但自己無法感受到性生活中與丈夫的愛，也造成對方的壓力和失望。

誤解二

對性生活態度積極的女性，往往對性抱有過高期望。她們或是不理解男性的性心理和生理特徵，誤以爲男人任何時候、任何情況下都必然主動迫切。因此在對方身心疲倦時，覺得丈夫不想過性生活就是不體貼自己，是愛情不再，甚至是有二心。

有的女性則是對性生活中的情感交流有著極高的需求，但又不屑於或不善於表達和交流，結果自己有說不出的煩惱，而對方又摸不著頭腦，更加覺得丈夫不理解自己的心，也很容易上綱爲「不是眞心地愛我」。

還有些女性沒有把性生活和日常生活區別開來，沒有領會二者之間的差異。另一半在性生活中表現良好時，她就誤以爲他必然在各方面都會是模範。當他在工作中或生活上表現得不盡如人意時，她就可能會說他「在床上的那股勁頭跑哪兒去了」。殊不知這會打消他在性愛時表現的積極性。

對性認識存在誤會，不僅影響雙方對和諧性愛的認識和追求，有的甚至危及到婚姻。其實人們對性有很多偏見，不僅女人有，男人也一樣，所以男女雙方都有義務使對方擺脫錯誤的性觀念，不僅爲了對方，更是爲了自己。請努力打造和諧性生活吧！

愛的提示：

走出誤會，尋找和諧，在和諧的愛情裡營造和諧的性生活。

後記

你想要有一個眞摯的愛情嗎?你想有一個幸福的婚姻嗎?讀了本書，會發現原來經營愛情需要很多藝術。

從戀愛到結婚，從女人到男人，從個人到家庭，無處不潛藏這愛情的眞相，無處不需要處理愛情的藝術。戀愛的時候靠的可能是緣分，是激情；而結了婚，則需要更多的經營藝術。

兩個個體結合在一起的時候，情況就完全變了，家庭已不是一個人的事，需要雙方的寬容與諒解。而男人同女人天生具有不同的特質，對待愛情，對待婚姻又有著不同的哲學。現今的女性同以往的女性對待生活已經有不同的態度，不能用傳統的思想去束縛她們。愛情雙方在瞭解對方的同時，也要看清自己，知己知彼，才能把握愛情。

本書擷取了經典案例，有成功的愛情，也有失敗的婚姻；並從不同的角度，不同的層面揭示愛情的眞相，爲人們的愛情生活提供借鑒。

眞愛無香，願所有讀者細心體味愛情那也許並不總是濃郁的芬芳。

後記

國家圖書館出版品預行編目資料

談情說愛一定要懂的眞相／張麗君作.
第一版——臺北市：老樹創意出版；
紅螞蟻圖書發行，2010.4
面；　公分.——（New Century；30）
ISBN 978-986-6297-08-3（平裝）
1.戀愛　2.兩性關係
544.37　　　　99005652

New Century 30

談情說愛一定要懂的眞相

作　　者／張麗君
文字編輯／胡文文
美術編輯／上承文化有限公司
發 行 人／賴秀珍
榮譽總監／張錦基
出　　版／老樹創意出版中心
企劃編輯／老樹創意出版中心
發　　行／紅螞蟻圖書有限公司
地　　址／台北市內湖區舊宗路二段121巷28號4F
網　　站／www.e-redant.com
郵撥帳號／1604621-1　紅螞蟻圖書有限公司
電　　話／(02)2795-3656（代表號）
傳　　眞／(02)2795-4100
港澳總經銷／和平圖書有限公司
地　　址／香港柴灣嘉業街12號百樂門大廈17F
電　　話／(852)2804-6687
法律顧問／許晏賓律師
印 刷 廠／鴻運彩色印刷有限公司
出版日期／2010年4月　第一版第一刷

定價200元　　港幣67元

ISBN978-986-6297-08-3　Printed in Taiwan

老樹創意

老樹創意

老樹創意

老樹創意